Winter- und Weihnachtsmärchen

Die schönsten Geschichten von
Grimm bis Wilde

ILLUSTRIERT VON
KHOA LE

INHALT

—

Der Winter ist die Zeit der Märchen – 7

BOŽENA NĚMCOVÁ
Drei Nüsse für Aschenbrödel – 9

INGEBORG FEUSTEL
Die Schneeflockenmühle – 19

OSCAR WILDE
Der glückliche Prinz – 27

E. T. A. HOFFMANN
Nussknacker und Mausekönig – 41

BRÜDER GRIMM
Schneeweißchen und Rosenrot – 109

RUSSISCHES VOLKSMÄRCHEN
Väterchen Frost – 121

BOŽENA NĚMCOVÁ
Salz ist wertvoller als Gold – 131

BRÜDER GRIMM
Hänsel und Gretel – 143

HANS CHRISTIAN ANDERSEN
Die Schneekönigin – 157

OSCAR WILDE
Der eigensüchtige Riese – 191

GERDT VON BASSEWITZ
Die Weihnachtswiese
aus: Peterchens Mondfahrt – 201

BRÜDER GRIMM
Frau Holle – 211

Über die Illustratorin – 221
Quellen – 222

Zum Herausnehmen:
Märchenposter

Wenn du
Märchenaugen
hast, ist die Welt
voll **Wunder.**

Victor Blüthgen

Der Winter ist die Zeit der Märchen.
Während draußen der eiskalte Winterwind
um die Häuser fegt und dicke Schneeflocken
vom Himmel rieseln, ziehen wir uns in
unser warmes Zuhause zurück, trinken heißen Kakao
und schwelgen in diesen alten, zauberhaften Geschichten,
die bis heute ihre Magie nicht verloren haben.

In diesem Buch findest du 12 liebevoll illustrierte Märchen.
Du begegnest Prinzen und Prinzessinnen, Hexen, Kobolden,
Räubern und Riesen, wanderst durch Winterwälder,
erlebst Weihnachtswunder, reitest auf Rentieren
und bestaunst die tanzenden Polarlichter.

*Lass dich in diese zauberhaften
Märchenwelten entführen und genieße
deine Reise durch den Winter!*

Es war einmal ein schönes Mädchen, das wurde von allen nur Aschenbrödel genannt, weil es von früh bis spät in Ruß und Asche alle Hausarbeiten verrichten musste. Aschenbrödel hatte einen Vater, der sie liebte, aber eine böse Stiefmutter und eine noch schlimmere Stiefschwester, die ihr alles nur denkbare Leid antat. Die Stiefmutter gab alles Gute ihrer Tochter, den Rest bekam Aschenbrödel. Ihre Tochter hatte schöne Kleider, aber Aschenbrödel musste in einer Schürze aus grobem Leinen umherlaufen. Sie konnte auch nicht unter Leute gehen, die Stiefmutter erlaubte es nicht. Von morgens bis abends musste sie schuften. Trotzdem war Aschenbrödel immer guter Laune und klagte nicht.

Eines Tages ging der Vater zur Messe, da fragte er seine Töchter, was er ihnen aus der Stadt mitbringen sollte. Dora, die Stieftochter, wollte schöne Kleider und Perlen und Edelsteine, wie kein anderes Mädchen sie hat. »Und was kann ich dir mitbringen«, fragte der Vater seine Aschenbrödel. – »Ich wünsche mir nichts anderes, lieber Vater, als nur den ersten Zweig, der Euch auf dem Weg ins Gesicht schlägt.« Da lachten die Stiefmutter und Dora sie aus.

Der Vater zog zur Messe. Und als er seine Geschäfte erledigt hatte, kaufte er Dora, was sie sich gewünscht hatte, obwohl er es viel lieber Aschenbrödel geschenkt hätte. Auf dem Heimweg kam er durch einen Wald. Wie er so ging, streifte er einen Haselbusch, und ein Haselzweig schlug ihm ins Gesicht. Er brach den Zweig ab und nahm ihn mit.

Als der Vater nach Hause kam, fragte die Stieftochter ihn als Erstes, was er ihr mitgebracht habe. Aschenbrödel war einfach nur froh, dass er unversehrt heimgekehrt war, und dachte keinen Deut mehr an ihren Wunsch. Als der Vater die schönen Kleider und die Edelsteine Dora gegeben hatte, nahm die gute Aschenbrödel den Haselzweig mit solcher Freude, als wäre er aus purem Gold. Die Stiefmutter und die Schwester lachten: »Was hast du nur für ein wertvolles Geschenk bekommen!« Aschenbrödel achtete nicht auf sie und verbarg den Zweig in ihrer Schürze.

Der nächste Tag war ein Feiertag. Alle Leute gingen zur Kirche, nur Aschenbrödel sollte zu Hause bleiben. Sie bat die Stiefmutter, ihr doch ein Kleid zu geben, damit sie auch in die Kirche gehen kann. Doch die Stiefmutter sprach: »Du garstiges Aschenbrödel, du bist voll Ruß und Asche und möchtest in die Kirche?« Sie schüttete eine Schüssel Linsen in die Asche, damit Aschenbrödel die Linsen einzeln aus der Asche suchen musste. »Du bleibst zu Hause, und die

Linsen sollen
fertig sein, wenn wir
nach Hause kommen.«
Als alle fortgegangen waren, ging Aschenbrödel weinend zum Brunnen, um sich zu waschen. Sie beugte sich zum Brunnen, da fiel ihr der Zweig mit den Haselnüssen in das Wasser. Sie schrie auf und wollte sogar hinterherspringen. »Ach, mein lieber Haselzweig«, weinte sie, »wie bekomme ich dich wieder?« Wie sie so klagte, kam ein Frosch aus dem Brunnen gesprungen. Er blickte Aschenbrödel an und legte eine Haselnuss auf den Brunnenrand. »Ach, Fröschlein, mein Brüderchen, hast du mir die Haselnuss gebracht?« Aschen-

brödel freute sich. »Dir habe ich sie gebracht«, antwortete der Frosch und ließ die Nuss in Aschenbrödels Hand gleiten, »öffne sie, und was du in ihr findest, ist dein.« Mit diesen Worten sprang er zurück in den Brunnen.

 Aschenbrödel öffnete die Nuss. Vor Freude und Schreck hätte sie sie fast wieder in den Brunnen fallen lassen. In der Nuss war ein Sonnenkleid. »Wie ist das schön«, rief Aschenbrödel, »ich will es anziehen! O weh, ich muss ja die Arbeit schaffen, die mir die Stiefmutter aufgetragen hat.« Schnell eilte sie ins Häuschen zurück.

Da flatterten sechs Täubchen ins Zimmer. Drei von ihnen suchten die Linsen aus der Asche, die drei anderen zogen Aschenbrödel das dreckige Gewand aus. Als sie sich gewaschen und das Sonnenkleid angezogen hatte, glitzerte dieses, dass es eine Freude war. Die drei Täubchen hatten unterdessen alle Linsen aus der Asche gelesen. Aschenbrödel dankte ihnen von Herzen, und sie setzten sich wieder aufs Dach.

»Vor mir Nebel, hinter mir Nebel, über mir die Sonne«, sprach Aschenbrödel als sie aus der Tür trat, und dann rannte sie los. Als sie in die Kirche kam, drehten sich alle nach ihr um und fragten einander: »Wer ist das?« Niemand erkannte sie, weder der Vater noch die Stiefmutter noch die Schwester. In der Kirche saß auch der junge Fürst, er ließ seine Blicke nicht von Aschenbrödel. Als die Messe vorüber war, wollte er ihr nachgehen. Doch kaum war Aschenbrödel über die Schwelle getreten, sprach sie: »Vor mir Nebel, hinter mir Nebel, über mir die Sonne!« So verschwand sie und entkam unbemerkt. Der Fürst fragte alle, wer denn die schöne Dame gewesen sei, aber keiner wusste eine Antwort.

Zu Hause zog Aschenbrödel das Sonnenkleid aus, versteckte es in der Haselnuss und legte diese unter einen Stein am Brunnen. Dann rief sie in den Brunnen: »Fröschlein, mein Brüderchen, pass gut darauf auf!« Dann lief sie schnell nach Hause, zog sich die grobe Schürze an und band sich das graue Kopftuch um. Als die Stiefmutter nach Hause kam, war nichts mehr zu sehen. Die Stiefmutter war sehr erstaunt, dass Aschenbrödel mit ihrer Arbeit schon fertig war.

Dora sprach über nichts anderes als über die schöne junge Frau in der Kirche, doch als Aschenbrödel danach fragte, sagte sie nur: »Kümmere du dich um deine Asche, das ist nicht deine Sache!« Aschenbrödel schwieg und verriet selbst dem Vater nichts. Aber von da an war sie nicht mehr so traurig wie früher.

Am nächsten Sonntag bat Aschenbrödel die Stiefmutter wieder, zur Kirche mitkommen zu dürfen. Doch wieder verbot die Stiefmutter es ihr, stattdessen solle sie Mohn aus der Gerste lesen. Dann ging sie mit ihrer Tochter zur Kirche. Kaum waren sie fort, lief Aschenbrödel zum Brunnen. Sie musste nicht einmal rufen, da saß der Frosch schon auf dem Rand des Brunnens und hatte eine Haselnuss im Maul. Die Nuss reichte er Aschenbrödel und sagte, sie solle sie öffnen. Was sie darin fände, gehöre ihr. Dann sprang der Frosch wieder in den Brunnen und war verschwunden.

Aschenbrödel öffnete die Nuss und fand darin ein Mondkleid, das glitzerte und glänzte wie pures Silber. »Ach, ist das schön, aber wie kann ich es an-

ziehen? Wollt ihr mir wieder helfen, Täubchen, meine Schwesterchen?« Die sechs Tauben flogen vom Dach herunter und hinein ins Zimmer. Drei kleideten Aschenbrödel an, die anderen drei suchten den Mohn aus der Gerste. Als Aschenbrödel angezogen war, waren die drei Tauben mit dem Mohn schon fertig. Aschenbrödel dankte ihnen sehr, dann flogen sie zurück aufs Dach. Aschenbrödel rief: »Vor mir Nebel, hinter mir Nebel, über mir die Sonne«, und lief los.

Die Leute waren schon in der Kirche, als Aschenbrödel eintraf. Der junge Fürst konnte kaum erwarten, dass die Messe vorüber wäre, und achtete nur auf die geheimnisvolle Dame. Auch Aschenbrödel sah ihn an, aber nur ein klein wenig von der Seite. Als die Messe vorüber war, lief sie sofort hinaus. Der Fürst aber war schneller, nur was half es ihm! Aschenbrödel verschwand vor seinen Augen. Er war enttäuscht, weil er sie nicht hatte halten können und nicht wusste, woher sie kam. Da entschloss sich der Fürst zu einer List.

Aschenbrödel aber flog fast nach Hause und versteckte ihr Kleid in der Nuss. Die Nuss legte sie unter einen zweiten Stein am Brunnen. Als die Mutter nach Hause kam, saß Aschenbrödel wieder in der Asche. Alle sprachen wieder nur über die schöne Dame und den Fürsten und wie er alle nach ihr befragt hatte. Aschenbrödel wurde erst rot wie eine Rose und dann blass wie eine Lilie. Aber niemand konnte das sehen unter dem grauen Tuch, das sie um ihr Haupt gebunden hatte.

Die ganze Woche redeten alle über den Fürsten und die unbekannte Frau. Auch Aschenbrödel bat darum, die schöne Dame einmal sehen zu dürfen. Die Stiefmutter aber zischte wie eine Schlange und sagte nur, Aschenbrödel sei es nicht wert.

Der dritte Sonntag kam. Aschenbrödel bat die Stiefmutter wieder, in die Kirche gehen zu dürfen, und wieder keifte die Stiefmutter, schüttete Samen in einen Bottich Asche und befahl Aschenbrödel, die Samenkörner wieder herauszusuchen. Das Mädchen sagte nichts und ließ die Stiefmutter mit der Schwester weggehen. Dann ging sie zum Brunnen. Der Frosch wartete schon mit der dritten Nuss. »Öffne die Nuss. Was du darin findest, soll dir gehören. Mich aber wirst du nicht wiedersehen«, quakte der Frosch. – »Mein liebes Fröschlein, mein Brüderchen, wie kann ich dir nur danken?« – »Danke uns nicht. Das ist unser Dank, weil du gut zu uns gewesen bist. Darum sollst auch du glücklich werden!« Dann sprang er in den Brunnen.

Aschenbrödel knackte die Nuss. In ihr war ein Sternenkleid, das aussah, als wäre es aus Edelsteinen gemacht. »Ist das schön«, rief Aschenbrödel. »Liebe Täubchen, meine Schwesterchen, werdet ihr mir noch einmal helfen, es anzulegen?« – »Wir werden dir helfen, und auch die Arbeit wollen wir für dich übernehmen, weil du so gut zu uns gewesen bist«, gurrten die Tauben und flatterten ins Zimmer. Drei zogen Aschenbrödel an, drei suchten die Samenkörner aus der Asche, und als Aschenbrödel angekleidet war, war die Arbeit auch schon erledigt. Aschenbrödel dankte ihnen sehr, dann sagte sie: »Nebel vor mir, Nebel hinter mir, über mir die Sonne!« Damit war sie aus der Tür und lief zur Kirche.

Ungeduldig warteten der junge Fürst und die Leute, ob die schöne junge Frau wohl kommen würde. Und da! Auf einmal war sie da! Niemand hatte sie kommen hören. Auf einmal stand sie vor dem Altar wie der Abendstern, wenn er in der Dämmerung plötzlich am Himmel steht. Der Fürst war glücklich. Dieses Mal, dachte er, würde sie ihm nicht entkommen. Aschenbrödel sah ihn mehrmals an, denn sie dachte, es wäre das letzte Mal, dass sie ihn sehen könne. Er gefiel ihr. Und warum auch nicht! Der Fürst war jung, schön und alle Menschen mochten ihn. Auch diesmal lief sie vor allen Leuten aus der Kirche, aber der Fürst war flinker. Er ging auf sie zu und bat, sie möge ihm doch sagen, woher sie komme. Und er fragte, ob er sie nach Hause begleiten dürfe. Aschenbrödel aber schüttelte den Kopf, sie wusste selbst nicht warum, und brachte kein einziges Wort hervor.

Dann ließ sie vor und hinter sich Nebel fallen und verschwand. Doch etwas ließ sie versehentlich zurück: Ihr kleiner goldener Schuh war in dem Pech stecken geblieben, mit dem der Fürst den Platz vor der Kirche hatte bestreichen lassen. Welch eine List! Aschenbrödel war in das Pech getreten und ihr schöner, zierlicher Schuh war hängen geblieben.

Aschenbrödel lief also nur in einem Schuh, aber dafür so schnell sie konnte nach Hause. Sie hatte gerade das Kleid ausgezogen und versteckt, da kamen auch schon Stiefmutter und Dora nach Hause. Aus ihrem Gespräch erfuhr Aschennbrödel, dass der Fürst eine List benutzt hatte. Sie wäre ihm gern böse gewesen, aber ihr gutes Herz ließ es nicht zu.

Nur wenige Tage später wurde bekannt, dass der junge Fürst von Haus zu Haus gehe. Jedes junge Mädchen ließ er den Schuh anprobieren, der im Pech stecken geblieben war. Diejenige sollte seine Frau werden, der der Schuh passte. Der Fürst war sich sicher, dass diejenige die Richtige wäre. »Ob er mir passen wird, Mutter?«, fragte Dora. »Du hast zwar große Füße, mein Kind, aber das soll nicht stören. Wenn der Schuh zu klein ist, dann hack ich dir die Zehen ab«, sagte die Mutter.

Der Fürst hatte schon jedes Haus besucht, aber nirgendwo hatte er die Unbekannte finden können, der der Schuh gepasst hätte. Endlich kam er auch in die Hütte, in der Aschenbrödel hauste. Dora empfing ihn in der Stube. Auch Aschenbrödel wollte in die Stube kommen, aber die Stiefmutter scheuchte sie fort und verbarg sie unter einem Bottich wie alte Lumpen.

Dora zog sich den Schuh an. Aber er war ihr zu klein, ihre Füße wollten einfach nicht hineinpassen. Da ging sie allein in die Kammer, und dort nahm die Mutter kurzentschlossen das große Messer und schlug ihr die Zehen ab. Das Mädchen verbiss den Schmerz, ging wieder hinaus in die Stube und setzte sich an den Tisch, als wäre sie schon eine Königin. Der Fürst sah, dass sie den Schuh trug. Weil er nicht wusste, dass sie sich die Zehen abgehauen hatte, dachte er, es wäre vielleicht doch die Richtige, wenn sie auch nicht der schönen Frau glich. »Andere Töchter habt Ihr nicht?«, fragte er nochmals. »Nur diese eine«, erwiderte die Stiefmutter. Der alte Vater hätte gern verraten, dass er noch eine Tochter habe. Aber er fürchtete sich vor seiner Frau und schwieg.

Aber da krähte der Hahn auf dem Hof: »Kikeriki, die Richtige, die ist auch hier!«

Die Stiefmutter scheuchte den Hahn fort, der Fürst jedoch hatte ihn wohl gehört. Er bat den Vater, auch die andere Tochter herbeizuholen. Da rief der Vater Aschenbrödel herbei, doch sie kroch unter dem Bottich hervor und lief fort zum Brunnen. Sie sagte, dass sie sich waschen wolle. Schnell öffnete sie die Nuss mit dem Sonnenkleid. Die beiden anderen Nüsse schob sie schnell in die Tasche. Mit nur einem Schuh an den Füßen betrat sie die Stube.

Der Fürst konnte das versteckte Mädchen kaum erwarten. Doch was geschah? Die schöne Frau trat ins Zimmer. Nun erkannten alle in ihr unser Aschenbrödel, und ihr Vater weinte vor Freude. Der Fürst ging ihr entgegen, nahm ihre Hand in die seine und wollte sie am liebsten nie wieder loslassen. Dora und die Mutter liefen rot an vor Zorn, und die Stiefschwester musste sogleich den Schuh ausziehen. Aschenbrödel saß er wie angegossen.

Der Fürst bat sie, seine Frau zu werden, eine bessere Frau könne er nie und nimmer finden, sagte er. Auch Aschenbrödel gefiel der schöne Fürst, und so gab ihnen der Vater seinen Segen. Als Aschenbrödel sich in den Wagen setzte, drehte sie sich noch einmal nach dem Brunnen um und dankte dem guten Fröschlein. Der Hahn und die Täubchen kamen herbei. Der Hahn setzte sich auf den Wagen, die Täubchen flogen über der Kutsche. Auch den alten Vater nahm das glückliche Paar mit sich. In der dunklen Hütte aber blieben die böse Stiefmutter und Dora allein mit sich zurück – ohne Liebe und ohne Freude.

s ist noch nicht lange her, da lebte ein Mühlenkobold einsam in einer zerfallenen Windmühle. Noch vor zweihundert Jahren gab es überall Mühlenkobolde, denn auf jedem Hügel klapperte eine Windmühle und an jedem Bach eine Wassermühle. Die Mühlen quetschten das Korn zu Mehl, sägten Bretter und bearbeiteten mit Hämmern sogar das Eisen. Aber jetzt sind sie überflüssig, denn es gibt Motoren, wie jedes Kind weiß. Und in den meisten Mühlen nagen die Holzwürmer so wild, dass sie zerfallen.

Früher war ein Mühlenkobold nie einsam. Er hatte zehn oder zwanzig Kinder, und natürlich musste er – besonders in der Nacht – herumpoltern, in ein altes Bärenfell kriechen oder mit dem Müller Karten spielen.

Unser Mühlenkobold aber fühlte sich sehr allein, und deshalb wanderte er in einer warmen Sommernacht durch das Tal und kam dicht neben der neuen Straße an ein Moor.

Der Mond schien. Hinter den knorrigen Besenweiden raschelten die Igel durch die Binsen, und die Nachtfalter flatterten um die Distelblüten.

Irgendwo geisterte ein Irrlicht herum, und das weckte die Neugier des Mühlenkobolds. Er versuchte, das bläuliche Licht zu fangen, und geriet gleich neben einer hohlen Eiche mit dem linken Fuß in ein Moorloch. Pfui! Schwarz bis zum Knie!

Der Kobold riss eine Handvoll Schilf aus und wischte und putzte an seinem Fuß herum. Da kicherte es. Erschrocken sah er in das kahle Geäst der Eiche hinein.

Auf einem blankgewetzten Zweig hockte eine Moorhexe und lachte ihn aus. Der Kobold zog seine Stirn in zornige Falten, aber dann steckte er den Finger in den Mund und sah die Hexe verliebt an.

»Magst du mich?«, fragte die Hexe.

Der Kobold nickte.

»Dann heirate mich!«

Die Hexe sprang vom Ast und landete dicht neben dem Kobold. Sie war erst hundert Jahre alt und hatte noch keine Warzen und keinen Buckel, dafür aber rote Locken und grüne Augen.

Der Kobold nahm den Finger aus dem Mund und tippte der Hexe verlegen auf die Nase.

»Wann heiraten wir?«, fragte die Hexe und hielt den Koboldfinger fest in ihrer Hand.

Der Kobold seufzte: »Ein Kobold darf nur heiraten, wenn er seine Mühle zum Klappern bringt!«

»Dann lass sie klappern«, sagte die Hexe.

Der Kobold schüttelte traurig den Kopf und ging langsam zur Mühle zurück. Die Hexe hinterher. Als sie die zerfallene Mühle sah, bekam sie vor Schreck einen Schluckauf.

»Du musst sie reparieren«, entschlossen hob die Hexe einen morschen Balken aus dem Weg, der von einem Mühlenflügel heruntergestürzt war.

Der Kobold nickte, aber er wusste nicht einmal, wo er anfangen sollte.

»Sonst heirate ich den Förster!«, rief die Hexe und versteckte sich hinter dem Mühlstein.

Der Kobold bekam vor Gram eine blasse Nase, und er begann, eine Treppenstufe festzunageln. Befriedigt flog die Hexe auf ihrem Besen zur hohlen Eiche zurück.

Aber in der nächsten Nacht saß sie wieder auf dem letzten Mühlenflügel. Der Kobold hämmerte und sägte schneller, und nach einer Woche hatte er wirklich die Mühlentreppe in Ordnung gebracht. Aber die Mühle klapperte noch lange nicht.

Die Hexe sauste am nächsten Nachmittag gleich durch das Mühlenfenster, das kein Glas mehr hatte, hinein in einen Haufen morschen Holzes.

Der Kobold nickte ihr zu und nagelte das Fensterbrett fest.

»Wenn ich hundertfünfzig bin, werde ich eine alte Jungfer, dann wächst mir die erste Warze auf der Nase!«

Der Mühlenkobold stellte seinen Zeh auf den Fuß der Hexe und lächelte sie an. Er nagelte und sägte, bis er schwitzte. Und als die Blätter von den Bäumen fielen, hatte er eine Tür gebaut.

»Jetzt komme ich noch einmal und dann nie wieder!«, sagte die Hexe streng.

Der Kobold stemmte erschrocken den Mühlstein hoch und ließ ihn ratlos wieder fallen. Das morsche Gebälk zitterte, und der letzte Mühlenflügel brach ab. Er kippte ins bereifte Gras und polterte den Abhang hinunter.

Die Hexe seufzte, und der Kobold seufzte mit. Er trug dies und jenes hin und her. Aber selbst als der Dezembersturm

heulte, klapperte das Mahlwerk der Mühle noch nicht.

Er ist ungeschickt und nicht gerade klug, aber dennoch sehr liebenswert, dachte die Hexe und zwinkerte dem Kobold mit ihren grünen Augen zu, bevor sie auf ihrem Besen davonflog. Heimlich aber schlich sie von hinten wieder in die Mühlstube hinein, während der Kobold draußen gerade eine Türschwelle vor das Tor nagelte.

Sie nahm eine ihrer roten Locken zwischen die Finger und schnitt sie ab, rieb sie, pustete die Haare in das Mahlwerk und murmelte Zaubersprüche.

Aus ihren grünen Augen schossen Blitze – und plötzlich fügte sich Holz zu Holz, Eisen zu Eisen, Zahnrad zu Zahnrad – und die Mühle begann leise zu knarren.

Gleich kam der Mühlenkobold in die Mahlstube gelaufen. Die Hexe war verschwunden. Er konnte sich das Wunder nicht erklären, aber er holte eilig Lappen und Öl, putzte und schmierte jedes Teilchen und strich zärtlich mit der Hand über die Zahnräder.

Der erste Eiszapfen hing am Dach, da kam die Hexe wieder auf ihrem Besen angeflogen.

»Na, klappert die Mühle endlich?«, fragte sie gleich.

Der Kobold schüttelte traurig den Kopf, pflückte einen Raureifhalm und steckte ihn der Hexe in die roten Haarkringel.

»Du musst die Stube ausfegen!«

Die Hexe drückte dem Kobold ihren Besen in die Hand, und der begann sogleich heftig herumzuwirtschaften.

Die Hexe aber schlich hinter die Mühle und schnitt wieder eine rote Locke ab. Sie murmelte Zaubersprüche, bis ihre grünen Augen blitzten – und nach kaum einer halben Stunde hatte die Mühle vier Flügel, wie in ihren besten Tagen.

Die Hexe wischte sich die Hände befriedigt an ihrem Rock ab und rief:

»Siehst du, das Fegen hat geholfen, die Mühle ist wieder komplett!«

Der Kobold setzte sich staunend auf die Mühlentreppe und sah stumm auf das neue Wunder. Dann brach er ein Ästchen vom Ginsterstrauch ab und überreichte es feierlich der Hexe.

»Bald werde ich dich heiraten, vielleicht schon im nächsten Sommer!«

Verdutzt nahm die Hexe den Ginsterzweig. Der Wind probierte gerade die Mühlenflügel aus, und das Mahlwerk begann zu klappern.

»Nicht im nächsten Sommer – jetzt und sofort!«, sagte die Hexe mit Nachdruck und stampfte mit dem Besenstiel auf die Treppe, dass das Dach zitterte.

Der Kobold lutschte verlegen am Finger und schüttelte den Kopf.

»Ist kein Korn zum Vermahlen da!«, seufzte er.

Die Hexe flog zornig auf ihrem Besen davon. Aber als sie bis zum Unkenteich gekommen war, bremste sie so stark, dass sie im Sturzflug auf das Eis polterte. Es zersprang in tausend Stücke, und die Hexe konnte sich nur mit Mühe retten.

Kaum am Ufer, schoss ihr ein Gedanke durch den Kopf, und sie lud vier oder fünf Eisschollen auf den Besen. Das gab einen unruhigen Flug! Doch schon nach ein paar Minuten landete sie neben der Mühle.

»Nun beginne endlich mit dem Mahlen!«, rief die Hexe ungeduldig und warf eine Eisscholle in den Mahlkasten.

Der Kobold nickte. Die Hexe drückte einen Hebel herunter, und die Mühle rasselte und klapperte. Schon nach vier Augenblicken war der Mahlkasten leer. Die Hexe holte die zweite Eisscholle und der Kobold die dritte. Aus der Mühle aber, aus jeder Öffnung, aus Tür und Fenstern, flogen die herrlichsten Schneeflocken. Sie setzten sich auf Zäune und Brücken, sie hängten sich an Sträucher und Gräser und verzauberten den Wald in eine Landschaft aus Spitzen. In der Mühle hörte man lautes Singen und das Stampfen von Füßen – so, als würde fröhlich getanzt und gefeiert.

Seitdem kommen die Leute in jedem Jahr von weither angereist, um das Schneeflockenwunder am Windmühlenberg zu bewundern. Denn immer um die gleiche Zeit wiederholt es sich – und dann mauzt es leise, als wäre eine Katze geboren.

Mancher behauptet sogar, er hätte in der alten Windmühle Stimmen gehört, so laut, als würden mindestens zehn Kobolde in der Mahlstube herumtoben. Irrtum! Eine Hexe mit grünen Augen und roten Locken ist auch dabei. Manchmal lächelt sie, wenn ihre Kinder den Eltern einen Streich spielen – Liebe kann ein bisschen frech sein.

och über der Stadt stand auf einer mächtigen Säule die Statue des glücklichen Prinzen. Sie war über und über mit dünnen Goldblättchen bedeckt, statt der Augen hatte sie zwei glänzende Saphire, und ein großer roter Rubin leuchtete auf seiner Schwertscheide.

Alles bestaunte und bewunderte ihn sehr. »Er ist so schön wie ein Wetterhahn«, bemerkte einer der Stadträte, der darauf aus war, für einen in Kunstdingen geschmackvollen Mann zu gelten: »bloß nicht ganz so nützlich«, fügte er hinzu, da er fürchtete, man könnte ihn sonst für unpraktisch halten, was er durchaus nicht war.

»Warum bist du nicht wie der glückliche Prinz?« fragte eine empfindsame Mutter ihren kleinen Jungen, der weinend nach dem Mond verlangte. »Dem glücklichen Prinzen fällt es nie ein, um etwas zu weinen.«

»Ich bin froh, dass es wenigstens einen gibt, der in dieser Welt ganz glücklich ist«, sagte leise ein Enttäuschter mit einem Blick auf das wundervolle Standbild.

»Er sieht genau aus wie ein Engel«, sagten die Waisenkinder, als sie in ihren purpurroten Mänteln und sauberen Vorstecklätzchen aus der Kathedrale kamen.

»Wie könnt ihr das wissen?« fragte der Mathematiklehrer. »Ihr habt doch nie einen gesehen.«

»O doch, im Traum«, antworteten die Kinder; und der Mathematiklehrer runzelte die Stirn und machte ein sehr strenges Gesicht, denn er billigte Kinderträume nicht.

Da flog eines Nachts ein kleiner Schwälberich über die Stadt. Seine Freunde waren schon vor sechs Wochen nach Ägypten gezogen, aber er war zurückgeblieben, weil er sich in eine ganz wunderschöne Schilfrispe verliebt hatte. Ganz zeitig im Frühling hatte der Schwälberich die Rispe zum ersten Mal gesehen, als er gerade hinter einer großen gelben Motte her über den Fluss flog, und war von der Schlankheit der Rispe so entzückt gewesen, dass er haltgemacht hatte, um mit ihr zu plaudern.

»Soll ich dich lieben?« fragte der Schwälberich, der es liebte, immer gleich gerade auf sein Ziel loszugehen. Und die Schilfrispe verneigte sich tief vor ihm. So flog er immer und immer um die Schlanke herum, rührte leicht das Wasser mit seinen Flügeln und machte kleine silberne Wellen darauf. Das war die Art, wie er warb, und es dauerte den ganzen Sommer hindurch.

»Das ist ein lächerliches Attachement«, zwitscherten die andern Schwalben;

»die Schilfrispe hat gar kein Vermögen und viel zu viel Verwandte« – und in der Tat war der Fluss ganz voll von Schilf. Als dann der Herbst kam, flogen sie alle davon.

Als sie fort waren, fühlte sich der Schwälberich einsam und fing an, seiner romantischen Liebe überdrüssig zu werden. »Sie kann sich gar nicht unterhalten«, sagte er, »und ich fürchte, sie ist eine Kokette, denn sie flirtet immer mit dem Wind.« Wirklich machte die Schilfrispe, sooft der Wind blies, die graziösesten Verbeugungen.

»Ich gebe gerne zu, dass sie sehr häuslich ist«, fuhr er fort; »aber ich liebe das Reisen, und deshalb soll meine Frau es auch lieben.«

»Willst du mit mir fort?« fragte der Vogel endlich die Rispe; die aber schüttelte den Kopf – sie hing so sehr an der Heimat.

»Du hast mit mir gespielt«, rief da der Schwälberich, »ich mache mich auf nach den Pyramiden. Leb wohl!« Und flog davon.

Den ganzen Tag über flog er und erreichte gegen Abend die Stadt. »Wo soll ich absteigen?« sagte er. »Hoffentlich hat die Stadt Vorbereitungen getroffen.«

Da sah er das Standbild auf der hohen Säule. »Hier will ich absteigen«, rief er, »es hat eine hübsche Lage und viel frische Luft.« Und damit ließ er sich gerade zwischen den Füßen des glücklichen Prinzen nieder.

»Ich habe ein goldenes Schlafzimmer«, sagte er wohlgefällig zu sich selber, während er umher schaute und sich anschickte, schlafen zu gehen; aber gerade, als er seinen Kopf unter seinen Flügel stecken wollte, fiel ein großer Regentropfen auf ihn nieder. »Wie sonderbar«, rief er; »am Himmel ist nicht das kleinste Wölkchen, die Sterne sind hell und leuchten, und doch regnet es. Das Klima im nördlichen Europa ist schon wirklich abscheulich. Die Schilfrispe liebte ja den Regen sehr, aber das war bloß ihr Egoismus.«

Da fiel ein zweiter Tropfen.

»Was für einen Zweck hat denn eigentlich eine Statue, wenn sie nicht den Regen abhalten kann?« sagte der Vogel. »Ich muss mich lieber nach einem guten Schornstein umsehen«, und er wollte schon fortfliegen.

Doch bevor er noch seine Flügel ausgebreitet hatte, fiel ein dritter Tropfen; er schaute in die Höhe und sah – ja, was sah er?

Die Augen des glücklichen Prinzen waren voll Tränen, und Tränen liefen ihm über die goldenen Wangen. Sein Gesicht war so wunderschön im Mondlicht, dass den Schwälberich das Mitleid fasste.

„Wer bist du?« sagte er.

»Ich bin der glückliche Prinz.«

»Weshalb weinst du denn?« fragte der Vogel. »Du hast mich ganz nass gemacht.«

»Als ich noch am Leben war und ein Menschenherz hatte«, antwortete die Statue, »da wusste ich nicht, was Tränen sind; denn ich lebte in dem Palast Ohnsorge, in den die Sorge keinen Zutritt hat. Tagsüber spielte ich mit meinen Gefährten im Garten, und des Abends führte ich den Tanz in der großen Halle. Rund um den Garten lief eine sehr hohe Mauer, aber nie dachte ich daran, zu fragen, was wohl dahinter läge, so schön war alles um mich her. Meine Höflinge nannten mich den glücklichen Prinzen, und glücklich war ich in der Tat, wenn Vergnügen Glück bedeutet. So lebte ich, und so starb ich. Und nun, da ich tot bin, haben sie mich hier hinaufgestellt, so hoch, dass ich alle Hässlichkeit und alles Elend meiner Stadt sehen kann, und wenn auch mein Herz von Blei ist, kann ich nicht anders als weinen.«

»Wie, es ist nicht von echtem Gold?« sprach der Vogel zu sich. Denn er war zu höflich, als dass er eine so persönliche Bemerkung laut gemacht hätte.

»Weit fern von hier«, fuhr die Statue mit einer leisen, melodischen Stimme fort, »weit fern von hier in einer kleinen schmalen Gasse steht ein armseliges Haus. Eins der Fenster ist offen, und so sehe ich eine Frau am Tische sitzen. Ihr Gesicht ist mager und verhärmt, und sie hat rauhe, rote Hände, nadelzerstochen, denn sie ist eine Näherin. Sie stickt Passionsblumen in ein Seidenkleid, das die schönste von den Ehrendamen der Königin am nächsten Hofball tragen soll. In einem Winkel des Zimmers liegt ihr kleiner Junge krank im Bett. Er fiebert und verlangt nach Pomeranzen. Die Mutter kann ihm nichts mehr geben als Wasser aus dem Fluss, und daher weint er. Vogel, Vogel, kleiner Vogel, willst du ihr nicht den Rubin aus meiner Schwertscheide hinbringen? Meine Füße sind an dem Sockel befestigt, und ich kann mich nicht bewegen.«

»Man erwartet mich in Ägypten«, sagte der Schwälberich. »Meine Freunde fliegen den Nil auf und nieder und unterhalten sich mit den großen Lotosblüten. Bald werden sie sich im Grab des großen Königs schlafen legen. Er ist in gelbe Leinen gehüllt und mit Spezereien balsamiert. Um seinen Hals liegt eine Kette aus blassgrünem Nephrit, und seine Hände sind wie vertrocknete Blätter.«

»Vogel, Vogel, kleiner Vogel«, sagte der Prinz, »willst du nicht diese eine Nacht bei mir bleiben und mein Bote sein? Der Knabe ist so durstig und die Mutter so traurig.«

»Ich glaube, ich mache mir nichts aus Knaben«, antwortete der Schwälberich. »Als ich letzten Sommer am Fluss wohnte, da waren so rohe Buben, des Müllers Söhne, die immer Steine nach mir warfen. Getroffen haben sie mich natürlich nie, denn wir Schwalben fliegen dafür viel zu gut, und ich stamme zudem aus einer Familie, die wegen ihrer Behendigkeit berühmt ist; aber es war doch immerhin ein Zeichen von Respektlosigkeit.«

Aber der glückliche Prinz sah so traurig aus, dass es den kleinen Schwälberich bekümmerte. »Es ist sehr kalt hier«, sagte er, »aber ich will trotzdem diese eine Nacht bei dir bleiben und dein Bote sein.«

»Ich danke dir, kleiner Vogel«, sagte der Prinz.

So pickte der Schwälberich aus des Prinzen Schwert den großen Rubin und flog mit ihm weg über die Dächer der Stadt und trug ihn im Schnabel.

Er flog an dem Turm des Domes vorbei, auf dem die weißen Marmorengel stehen. Er flog über den Palast hin und hörte die Musik von Tanzweisen. Ein schönes Mädchen trat mit seinem Geliebten auf den Balkon hinaus. »Wie wundervoll die Sterne sind«, sagte er zu ihr, »und wie wunderbar die Macht der Liebe!«

»Hoffentlich wird mein Kleid zum Staatsball fertig«, antwortete sie, »ich lasse mir Passionsblumen darauf sticken; aber die Schneiderinnen sind so faul.«

Er flog über den Fluss und sah die Laternen an den Schiffsmasten. Er flog über das Getto und sah die alten Juden miteinander handeln und auf kupfernen Waagen das Geld wiegen. Endlich erreichte er das armselige Haus und schaute hinein. Der Knabe warf sich fiebernd herum, und die Mutter war vor Müdigkeit eingeschlafen. Hinein ins Zimmer hüpfte der Schwälberich und legte den Rubin auf den Tisch gerade neben den Fingerhut der Frau. Dann kreiste er leise um das Bett und fächelte des Jungen Stirn mit den Flügeln. »Wie kühl mir ist«, sagte der Knabe, »ich glaube, es wird mir besser«, und er sank in einen köstlichen Schlaf. Darauf flog der Schwälberich zurück zu dem glücklichen Prinzen und erzählte ihm, was er getan hatte. »Merkwürdig«, sagte er, »mir ist mit einem Mal ganz warm geworden, obgleich es so kalt ist.«

»Das kommt von deiner guten Tat«, sagte der Prinz. Und der kleine Vogel begann darüber nachzudenken und schlief ein. Denken machte ihn immer schläfrig.

Als der Tag anbrach, flog der Vogel hinab zum Fluss und nahm ein Bad.

»Was für ein bemerkenswertes Phänomen«, sagte der Professor der Ornithologie, während er über die Brücke ging, »eine Schwalbe im Winter!« Und er schrieb darüber einen langen Brief an die Lokalzeitung. Alles sprach von diesem Aufsatz, der so wortreich war, dass niemand ihn verstehen konnte.

»Heut nacht mach' ich mich auf nach Ägypten«, sagte der Schwälberich und war hochvergnügt bei dem Gedanken. Er besuchte alle Denkmäler und öffentlichen Bauwerke der Stadt und saß lange auf der Kirchturmspitze. Wo immer er hinkam, da piepten die Spatzen, und einer sagte zum andern: »Was für ein vornehmer Fremder!«, und dabei amüsierte sich der Schwälberich sehr.

Als der Mond aufging, flog er zurück zu dem glücklichen Prinzen. »Hast du irgendwelche Aufträge für Ägypten?« rief er. »Ich reise gerade dahin ab.«

»Vogel, Vogel, kleiner Vogel«, sagte der Prinz, »willst du nicht noch eine Nacht bei mir bleiben?«

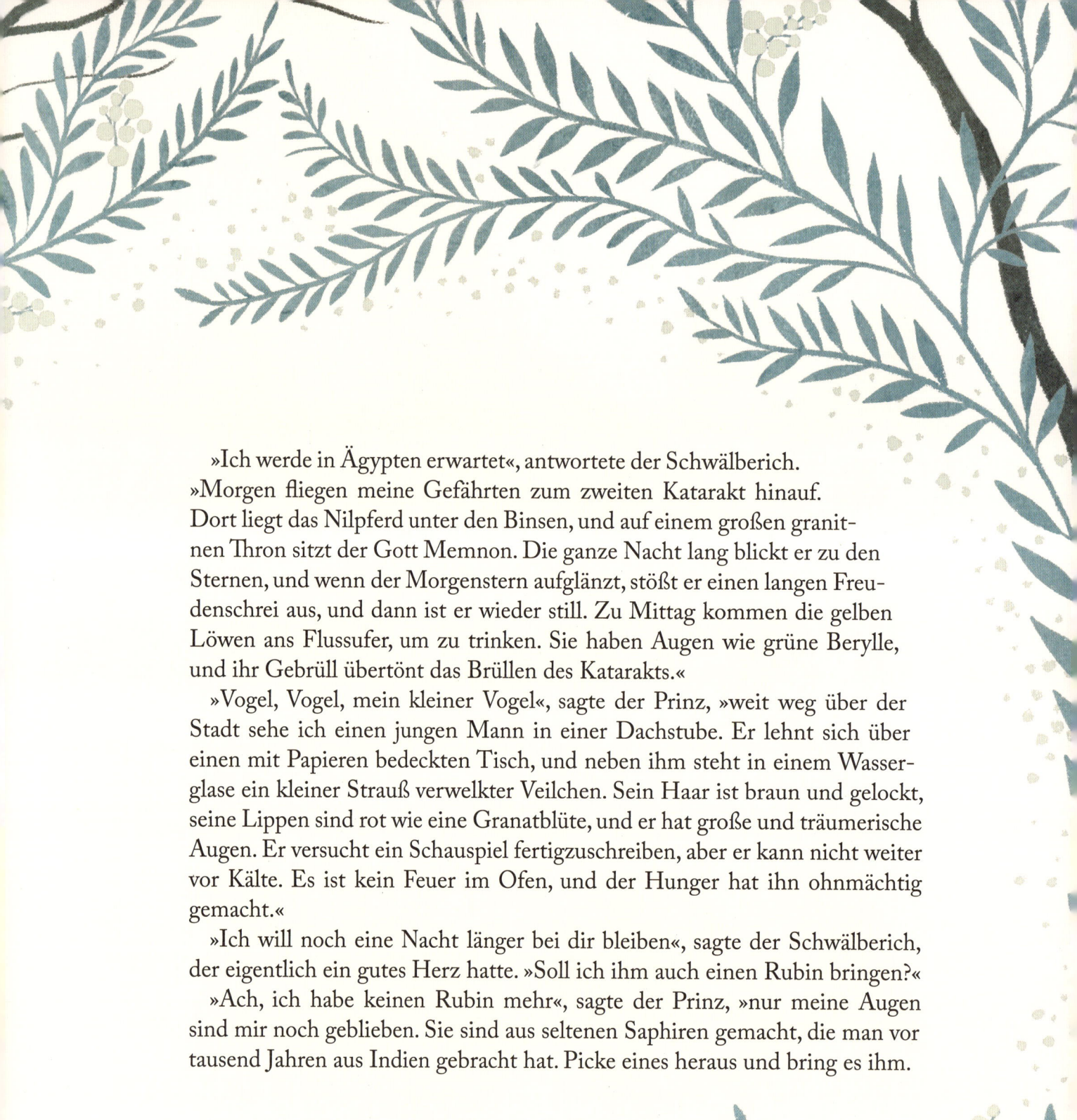

»Ich werde in Ägypten erwartet«, antwortete der Schwälberich. »Morgen fliegen meine Gefährten zum zweiten Katarakt hinauf. Dort liegt das Nilpferd unter den Binsen, und auf einem großen granitnen Thron sitzt der Gott Memnon. Die ganze Nacht lang blickt er zu den Sternen, und wenn der Morgenstern aufglänzt, stößt er einen langen Freudenschrei aus, und dann ist er wieder still. Zu Mittag kommen die gelben Löwen ans Flussufer, um zu trinken. Sie haben Augen wie grüne Berylle, und ihr Gebrüll übertönt das Brüllen des Katarakts.«

»Vogel, Vogel, mein kleiner Vogel«, sagte der Prinz, »weit weg über der Stadt sehe ich einen jungen Mann in einer Dachstube. Er lehnt sich über einen mit Papieren bedeckten Tisch, und neben ihm steht in einem Wasserglase ein kleiner Strauß verwelkter Veilchen. Sein Haar ist braun und gelockt, seine Lippen sind rot wie eine Granatblüte, und er hat große und träumerische Augen. Er versucht ein Schauspiel fertigzuschreiben, aber er kann nicht weiter vor Kälte. Es ist kein Feuer im Ofen, und der Hunger hat ihn ohnmächtig gemacht.«

»Ich will noch eine Nacht länger bei dir bleiben«, sagte der Schwälberich, der eigentlich ein gutes Herz hatte. »Soll ich ihm auch einen Rubin bringen?«

»Ach, ich habe keinen Rubin mehr«, sagte der Prinz, »nur meine Augen sind mir noch geblieben. Sie sind aus seltenen Saphiren gemacht, die man vor tausend Jahren aus Indien gebracht hat. Picke eines heraus und bring es ihm.

Er wird es an einen Juwelier verkaufen und sich dafür Essen und Feuerung verschaffen und sein Stück beenden.«

»Lieber Prinz«, sagte der Schwälberich, »das kann ich nicht tun«, und er begann zu weinen.

»Vogel, Vogel, kleiner Vogel«, sagte der Prinz, »tu, wie ich dich heiße.«

Also pickte der Schwälberich dem Prinzen das Auge aus und flog zur Dachkammer des Studenten. Es war nicht schwer hineinzukommen, denn es war ein Loch im Dach. Durch das schlüpfte der Vogel in die kleine Stube. Der Jüngling hielt den Kopf in den Händen vergraben, und so hörte er nicht das Flattern des Vogels, und als er aufschaute, da fand er den schönen Saphir, der auf den verblassten Veilchen lag.

»Man fängt an, mich zu würdigen«, rief er aus; »das kommt sicher von einem großen Bewunderer. Nun kann ich mein Stück fertig schreiben.« Und er sah ganz glücklich aus.

Am nächsten Tag flog der Schwälberich hinab zum Hafen. Er setzte sich auf den Mast des größten Schiffes und beobachtete die Matrosen, die an Tauen große Ballen aus dem Schiffsraum emporwanden. »Heb auf!« schrien sie bei jedem Ruck am Tau.

»Ich geh' nach Ägypten!« rief der Vogel; aber niemand achtete auf ihn, und als der Mond aufging, flog er zu dem glücklichen Prinzen. »Ich komme, dir Lebewohl zu sagen«, rief er.

»Vogel, Vogel, kleiner Vogel«, sagte der Prinz, »willst du nicht noch eine Nacht bei mir bleiben?«

»Es ist Winter«, sagte der Schwälberich, »und der kalte Schnee wird bald da sein. In Ägypten scheint die Sonne warm auf die grünen Palmen, und die Krokodile liegen im Schlamm, und schauen faul vor sich hin. Meine Gefährten bauen ihr Nest im Tempel von Baalbek, und die weiß und rot gefiederten Tauben schauen ihnen zu und girren. Lieber Prinz, ich muss dich verlassen, aber ich will dich nie vergessen, und im nächsten Frühling bringe ich dir zwei schöne Edelsteine wieder für die, die du weggegeben hast. Der Rubin soll röter sein als eine rote Rose und der Saphir so blau wie die große See.«

»Dort unten auf dem Platz«, sagte der Prinz, »da steht ein kleines Streichholzmädel, die hat ihre Hölzer in die Gosse fallen lassen, und sie sind alle verdorben. Ihr Vater wird sie schlagen, wenn sie ihm kein Geld heim bringt, und sie weint. Pick mir das andere Auge aus und gib es ihr, und ihr Vater wird sie nicht schlagen.«

»Ich will noch eine Nacht bei dir bleiben«, sagte der Vogel, »aber ich kann dir dein Auge nicht auspicken. Du wärest dann ja ganz blind.«

»Vogel, Vogel, kleiner Vogel«, sagte der Prinz, »tu, wie ich dich heiße.«

Also pickte der Schwälberich dem Prinzen auch das andere Auge aus und flog damit weg. Er strich über den Kopf des Mädels hin und ließ den Edelstein in ihre Hand gleiten. »Was für eine hübsche Glasscherbe!« rief die Kleine und lief vergnügt nach Haus.

Darauf kam der Vogel zum Prinzen zurück. »Nun bist du blind«, sagte er, »so will ich immer bei dir bleiben.«

»Nein, kleiner Vogel«, sagte der arme Prinz, »du musst fort nach Ägypten.«

»Ich will immer bei dir sein«, sagte der Schwälberich und schlief zu Füßen des Prinzen ein.

Am nächsten Tage setzte er sich dem Prinzen auf die Schulter und erzählte ihm Geschichten von all dem, was er in fremden Ländern gesehen hatte. Er erzählte ihm von den roten Ibissen, die in langen Reihen an den Nilufern stehen und mit ihren Schnäbeln Goldfische fangen, von der Sphinx, die so alt ist wie die Welt und in der Wüste lebt und alles weiß, von den Kaufleuten, die langsam neben ihren Kamelen einhergehen und Rosenkränze aus Bernstein in den Händen tragen, vom König des Mondgebirges, der so schwarz ist wie Ebenholz und einen großen Kristall anbetet, von der großen grünen Schlange, die in einem Palmenbaum schläft und zwanzig Priester hat, die sie mit Honigkuchen füttern, und von den Pygmäen, die auf breiten, flachen Blättern über einen großen See segeln und mit den Schmetterlingen immer im Krieg liegen.

»Lieber kleiner Vogel«, sagte der Prinz, »du erzählst mir von wunderbaren Dingen, aber wunderbarer als alles ist das Leiden von Mann und Weib. Kein Mysterium ist größer als das Elend. Fliege über meine Stadt, kleiner Vogel, und dann erzähle mir, was du darin gesehen hast.«

Also flog der Schwälberich über die große Stadt und sah die Reichen froh und lustig in ihren schönen Häusern, während die Bettler an den Toren saßen. Er flog in dunkle Gassen hinab und sah die weißen Gesichter hungernder Kinder gleichgültig auf die schwarzen Straßen schauen. Unter einem Brückenbogen lagen zwei kleine Buben und hielten sich umschlungen, um sich aneinander zu wärmen. »Wir haben solchen Hunger!« sagten sie.

»Ihr dürft hier nicht liegen«, schrie sie der Wächter an, und so wanderten sie hinaus in den Regen.

Dann flog der Vogel zurück zum Prinzen und erzählte ihm, was er gesehen hatte.

»Ich bin ganz mit feinem Gold bedeckt«, sagte der Prinz, »du musst es abnehmen, Blatt für Blatt, und meinen Armen geben; die Lebenden glauben immer, dass Gold sie glücklich machen kann.«

Blatt um Blatt des feinen Goldes pickte ihm der Vogel ab, bis der glückliche Prinz ganz grau und düster aussah. Blatt um Blatt des feinen Goldes brachte er zu den Armen, und die Gesichter der Kinder wurden rosiger, und sie lachten und spielten ihre Spiele in den Straßen. »Jetzt haben wir Brot!« riefen sie.

Da kam der Schnee, und nach dem Schnee kam der Frost. Die Straßen sahen aus, als wären sie aus Silber gemacht, so glänzend und glitzernd waren sie; lange Eiszapfen wie kristallene Dolche hingen von den Dachrinnen herunter;

alles ging in dicken Pelzen aus, und die kleinen Jungen trugen dicke rote Mützen und liefen auf dem Eise. Dem armen kleinen Schwälberich wurde kälter und kälter; aber er wollte den Prinzen nicht verlassen, denn er liebte ihn zu sehr. Er pickte Krümel auf vor des Bäckers Tür, wenn der Bäcker gerade nicht hinsah und versuchte sich warm zu halten, indem er mit seinen Flügeln schlug.

Aber schließlich wusste er doch, dass er sterben müsse. Er hatte gerade noch so viel Kraft, noch einmal dem Prinzen auf die Schulter zu fliegen. »Leb wohl, guter Prinz!« sagte er ganz leise. »Darf ich deine Hand küssen?«

»Ich freue mich, dass du jetzt nach Ägypten gehst«, sagte der Prinz, »du bist schon zu lange hiergeblieben, kleiner Schwälberich; aber du musst mich auf den Mund küssen, denn ich liebe dich.«

»Ich gehe nicht nach Ägypten«, sagte der Schwälberich, »ich gehe in das Haus des Todes. Der Tod ist der Bruder des Schlafes, nicht wahr?«

Und er küsste den glücklichen Prinzen auf den Mund und fiel tot nieder vor seine Füße.

Da tönte aus dem Innern des Standbildes ein eigentümliches Knacken, gleich als ob etwas zerbrochen wäre. Das bleierne Herz war mitten entzweigeborsten. Es war auch ein strenger, harter Frost.

Früh am Morgen des nächsten Tages ging der Bürgermeister mit den Stadträten über den Platz. Als sie an der Säule vorbeikamen, schaute er zu dem Standbild hinauf: »Herrgott! Wie schäbig der glückliche Prinz aussieht!« sagte er.

»Wirklich schäbig!« sagten die Stadträte, die immer der Ansicht des Bürgermeisters waren, und dann schauten sie das Standbild an.

»Der Rubin ist aus seinem Schwert gefallen, seine Augen sind fort, und vergoldet ist er auch nicht mehr«, sagte der Bürgermeister; »er sieht wahrhaftig nicht viel besser aus als ein Bettler.«

»Wenig besser als ein Bettler«, sagten die Räte.

»Und hier liegt wahrhaftig ein toter Vogel zu seinen Füßen!« sagte der Bürgermeister. »Wir müssen wirklich eine Bekanntmachung erlassen, dass es Vögeln nicht erlaubt ist, hier zu sterben.« Und der Stadtschreiber notierte diesen Vorschlag.

So wurde das Standbild des glücklichen Prinzen abgebrochen. »Da es nicht mehr schön ist, hat es auch keinen nützlichen Zweck mehr«, sagte der Kunstprofessor der Universität.

Hierauf wurde die Statue in einem Brennofen geschmolzen, und der Bürgermeister berief eine Versammlung, die entscheiden sollte, was mit dem Metall zu geschehen habe.

»Wir müssen natürlich ein anderes Denkmal haben«, sagte er, »und das muss ein Denkmal von mir sein.«

»Von mir«, sagte jeder der Stadträte, und sie zankten sich. Als ich das letzte Mal von ihnen hörte, zankten sie sich noch immer.

»Wie sonderbar!« sagte der Werkführer in der Schmelzhütte. »Dieses gebrochene Bleiherz will nicht schmelzen. Wir müssen es wegwerfen, wie es ist.« So warf man es auf einen Kehrichthaufen, auf dem auch die tote Schwalbe lag.

»Bring mir die beiden kostbarsten Dinge der Stadt«, sagte Gott zu einem seiner Engel; und der Engel brachte ihm das bleierne Herz und den toten Vogel.

»Du hast recht gewählt«, sagte Gott, »denn in meinem Paradiesgarten wird dieser kleine Vogel für alle Zeiten singen, und in meiner goldenen Stadt wird der glückliche Prinz mich lobpreisen.«

Der Weihnachtsabend

Am vierundzwanzigsten Dezember durften die Kinder des Medizinalrats Stahlbaum den ganzen Tag über durchaus nicht in die Mittelstube hinein, viel weniger in das daran stoßende Prunkzimmer. In einem Winkel des Hinterstübchens zusammengekauert, saßen Fritz und Marie, die tiefe Abenddämmerung war eingebrochen und es wurde ihnen recht schaurig zumute, als man, wie es gewöhnlich an dem Tage geschah, kein Licht hereinbrachte. Fritz entdeckte ganz insgeheim wispernd der jüngeren Schwester (sie war eben erst sieben Jahr alt worden) wie er schon seit frühmorgens es habe in den verschlossenen Stuben rauschen und rasseln, und leise pochen hören. Auch sei nicht längst ein kleiner dunkler Mann mit einem großen Kasten unter dem Arm über den Flur geschlichen, er wisse aber wohl, dass es niemand anders gewesen als Pate Droßelmeier. Da schlug Marie die kleinen Händchen vor Freude zusammen und rief: »Ach was wird nur Pate Droßelmeier für uns Schönes gemacht haben.« Der Obergerichtsrat Droßelmeier war gar kein hübscher Mann, nur klein und mager, hatte viele Runzeln im Gesicht, statt des rechten Auges ein großes schwarzes Pflaster und auch gar keine Haare, weshalb er eine sehr schöne weiße Perücke trug, die war aber von Glas und ein künstliches Stück Arbeit. Überhaupt war der Pate selbst auch ein sehr künstlicher Mann, der sich sogar auf Uhren verstand und selbst welche machen konnte. Wenn daher eine von den schönen Uhren in Stahlbaums Hause krank war und nicht singen konnte, dann kam Pate Droßelmeier, nahm die Glasperücke ab, zog sein gelbes Röckchen aus, band eine blaue Schürze um und stach mit spitzigen Instrumenten in die Uhr hinein, so dass es der kleinen Marie ordentlich wehe tat, aber es verursachte der Uhr gar keinen Schaden, sondern sie wurde vielmehr wieder lebendig und fing gleich an recht lustig zu schnurren, zu schlagen und zu singen, worüber denn alles große Freude hatte. Immer trug er, wenn er kam, was Hübsches für die Kinder in der Tasche, bald ein Männlein, das die Augen verdrehte und

Komplimente machte, welches komisch anzusehen war, bald eine Dose, aus der ein Vögelchen heraushüpfte, bald was anderes. Aber zu Weihnachten, da hatte er immer ein schönes künstliches Werk verfertigt, das ihm viel Mühe gekostet, weshalb es auch, nachdem es einbeschert worden, sehr sorglich von den Eltern aufbewahrt wurde. – »Ach, was wird nur Pate Droßelmeier für uns Schönes gemacht haben«, rief nun Marie; Fritz meinte aber, es könne wohl diesmal nichts anders sein, als eine Festung, in der allerlei sehr hübsche Soldaten auf- und abmarschierten und exerzierten, und dann müssten andere Soldaten kommen, die in die Festung hineinwollten, aber nun schössen die Soldaten von innen tapfer heraus mit Kanonen, dass es tüchtig brauste und knallte. »Nein, nein«, unterbrach Marie den Fritz, »Pate Droßelmeier hat mir von einem schönen Garten erzählt, darin ist ein großer See, auf dem schwimmen sehr herrliche Schwäne mit goldnen Halsbändern herum und singen die hübschesten Lieder. Dann kommt ein kleines Mädchen aus dem Garten an den See und lockt die Schwäne heran und füttert sie mit süßem Marzipan.« »Schwäne fressen keinen Marzipan«, fiel Fritz etwas rau ein, »und einen ganzen Garten kann Pate Droßelmeier auch nicht machen. Eigentlich haben wir wenig von seinen Spielsachen; es wird uns ja alles gleich wieder weggenommen, da ist mir denn doch das viel lieber, was uns Papa und Mama einbescheren, wir behalten es fein und können damit machen, was wir wollen.« Nun rieten die Kinder hin und her, was es wohl diesmal wieder geben könne. Marie meinte, dass Mamsell Trutchen (ihre große Puppe) sich sehr verändere, denn ungeschickter als jemals fiele sie jeden Augenblick auf den Fußboden, welches ohne garstige Zeichen im Gesicht nicht abginge, und dann sei an Reinlichkeit in der Kleidung gar nicht mehr zu denken. Alles tüchtige Ausschelten helfe nichts. Auch habe Mama gelächelt, als sie sich über Gretchens kleinen Sonnenschirm so gefreut. Fritz versicherte dagegen, ein tüchtiger Fuchs fehle seinem Marstall durchaus, so wie seinen Truppen gänzlich an Kavallerie, das sei dem Papa recht gut bekannt. – So wussten die Kinder wohl, dass die Eltern ihnen allerlei schöne Gaben eingekauft hatten, die sie nun aufstellten, es war ihnen aber auch gewiss, dass dabei der liebe Heilige Christ mit gar freundlichen frommen Kindesaugen hineinleuchte und dass wie von segensreicher Hand berührt, jede Weihnachtsgabe herrliche Lust bereite wie keine andere. Daran erinnerte die Kinder, die immerfort von den zu erwartenden Geschenken wisperten, ihre ältere Schwester Luise hinzufügend, dass es nun aber auch der Heilige Christ sei, der durch die Hand der lieben Eltern den Kindern immer das beschere, was ihnen wahre Freude und Lust bereiten könne, das wisse er viel besser als die Kinder selbst, die müssten daher nicht allerlei wünschen und hoffen, sondern still und fromm erwarten, was ihnen beschert worden. Die kleine Marie wurde ganz nachdenklich, aber Fritz murmelte vor sich hin: »Einen Fuchs und Husaren hätt' ich nun einmal gern.«

Es war ganz finster geworden. Fritz und Marie, fest aneinandergerückt, wagten kein Wort mehr zu reden, es war ihnen als rausche es mit linden Flügeln um sie her und als ließe sich eine ganz ferne, aber sehr herrliche Musik vernehmen. Ein heller Schein streifte an der Wand hin, da wussten die Kinder, dass nun das Christkind auf glänzenden Wolken fortgeflogen zu andern glücklichen Kindern. In dem Augenblick ging es mit silberhellem Ton: Klingling, klingling, die Türen sprangen auf, und solch ein Glanz strahlte aus dem großen Zimmer hinein, dass die Kinder mit lautem Ausruf: »Ach! – Ach!« wie erstarrt auf der Schwelle stehen blieben. Aber Papa und Mama traten in die Türe, fassten die Kinder bei der Hand und sprachen: »Kommt doch nur, kommt doch nur, ihr lieben Kinder und seht, was euch der Heilige Christ beschert hat.«

Die Gaben

Ich wende mich an dich selbst, sehr geneigter Leser oder Zuhörer Fritz – Theodor – Ernst – oder wie du sonst heißen magst und bitte dich, dass du dir deinen letzten, mit schönen bunten Gaben reich geschmückten Weihnachtstisch recht lebhaft vor Augen bringen mögest, dann wirst du es dir wohl auch denken können, wie die Kinder mit glänzenden Augen ganz verstummt stehen blieben, wie erst nach einer Weile Marie mit einem tiefen Seufzer rief: »Ach wie schön – ach wie schön«, und Fritz einige Luftsprünge versuchte, die ihm überaus wohl gerieten. Aber die Kinder mussten auch das ganze Jahr über besonders artig und fromm gewesen sein, denn nie war ihnen so viel Schönes, Herrliches einbeschert worden als dieses Mal. Der große Tannenbaum in der Mitte trug viele goldne und silberne Äpfel, und wie Knospen und Blüten keimten Zuckermandeln und bunte Bonbons und was es sonst noch für schönes Naschwerk gibt, aus allen Ästen. Als das Schönste an dem Wunderbaum musste aber wohl gerühmt werden, dass in seinen dunklen Zweigen hundert kleine Lichter wie Sternlein funkelten und er selbst, in sich hinein und heraus leuchtend, die Kinder freundlich einlud seine Blüten und Früchte zu pflücken. Um den Baum umher glänzte alles sehr bunt und herrlich – was es da alles für schöne Sachen gab – ja, wer das zu beschreiben vermöchte! Marie erblickte die zierlichsten Puppen, allerlei saubere kleine Gerätschaften und was vor allem schön anzusehen war, ein seidenes Kleidchen mit bunten Bändern zierlich geschmückt, hing an einem Gestell so der kleinen Marie vor Augen, dass sie es von allen Seiten betrachten konnte und das tat sie denn auch, indem sie ein Mal über das andere ausrief: »Ach das schöne, ach, das liebe – liebe Kleidchen; und das werde ich – ganz gewiss – das werde ich wirklich anziehen dürfen!« – Fritz hatte indessen schon drei- oder viermal um den Tisch herum galoppierend und trabend den neuen Fuchs versucht, den er in der Tat am Tische angezäumt gefunden. Wieder absteigend, meinte er, es sei eine wilde Bestie, das täte aber nichts, er wolle ihn schon kriegen, und musterte die neue Schwadron Husaren, die sehr prächtig in Rot und Gold gekleidet waren, lauter silberne Waffen trugen und auf solchen weißglänzenden Pferden ritten, dass man beinahe hätte glauben sollen, auch diese seien von purem Silber. Eben wollten die Kinder, etwas ruhiger geworden, über die Bilderbücher her, die aufgeschlagen waren, dass man allerlei sehr schöne Blumen und bunte Menschen, ja auch allerliebste spielende Kinder, so natürlich gemalt als lebten und sprächen sie

wirklich, gleich anschauen konnte. – Ja! eben wollten die Kinder über diese wunderbaren Bücher her, als nochmals geklingelt wurde. Sie wussten, dass nun der Pate Droßelmeier einbescheren würde, und liefen nach dem an der Wand stehenden Tisch. Schnell wurde der Schirm, hinter dem er so lange versteckt gewesen, weggenommen. Was erblickten da die Kinder! – Auf einem grünen mit bunten Blumen geschmückten Rasenplatz stand ein sehr herrliches Schloss mit vielen Spiegelfenstern und goldnen Türmen. Ein Glockenspiel ließ sich hören, Türen und Fenster gingen auf, und man sah, wie sehr kleine, aber zierliche Herrn und Damen mit Federhüten und langen Schleppkleidern in den Sälen herumspazierten. In dem Mittelsaal, der ganz in Feuer zu stehen schien – so viel Lichterchen brannten an silbernen Kronleuchtern – tanzten Kinder in kurzen Wämschen und Röckchen nach dem Glockenspiel. Ein Herr in einem smaragdenen Mantel sah oft durch ein Fenster, winkte heraus und verschwand wieder, so wie auch Pate Droßelmeier selbst, aber kaum viel höher als Papas Daumen zuweilen unten an der Tür des Schlosses stand und wieder hineinging. Fritz hatte mit auf den Tisch gestemmten Armen das schöne Schloss und die tanzenden und spazierenden Figürchen angesehen, dann sprach er: »Pate Droßelmeier! Lass mich mal hineingehen in dein Schloss!« – Der Obergerichtsrat bedeutete ihn, dass das nun ganz und gar nicht anginge. Er hatte auch recht, denn es war töricht von Fritzen, dass er in ein Schloss gehen wollte, welches überhaupt mitsamt seinen goldnen Türmen nicht so hoch war, als er selbst. Fritz sah das auch ein. Nach einer Weile, als immerfort auf dieselbe Weise die Herrn und Damen hin und her spazierten, die Kinder tanzten, der smaragdne Mann zu demselben Fenster heraussah, Pate Droßelmeier vor die Türe trat, da rief Fritz ungeduldig: »Pate Droßelmeier, nun komm mal zu der andern Tür da drüben heraus.« »Das geht nicht, liebes Fritzchen«, erwiderte der Obergerichtsrat. »Nun so lass mal«, sprach Fritz weiter, »lass mal den grünen Mann, der so oft herauskuckt, mit den andern herumspazieren.« »Das geht auch nicht«, erwiderte der Obergerichtsrat aufs Neue. »So sollen die Kinder herunterkommen«, rief Fritz, »ich will sie näher besehen.« »Ei das geht alles nicht«, sprach der Obergerichtsrat verdrießlich, »wie die Mechanik nun einmal gemacht ist, muss sie bleiben.« »So-o?«, fragte Fritz mit gedehntem Ton, »das geht alles nicht? Hör mal Pate Droßelmeier, wenn deine kleinen geputzten Dinger in dem Schlosse nichts mehr können als immer dasselbe, da taugen sie nicht viel, und ich frage nicht sonderlich nach ihnen. – Nein, da lob' ich mir meine Husaren, die müssen manövrieren vorwärts, rückwärts, wie ich's haben will und sind in kein Haus eingesperrt.« Und damit sprang er fort an den Weihnachtstisch und ließ seine Eskadron auf den silbernen Pferden hin und her trottieren und schwenken und einhauen und feuern nach Herzenslust. Auch Marie hatte sich sachte fortgeschlichen, denn auch sie wurde des Herumgehens und Tanzens der Püppchen im Schlosse bald überdrüssig, und mochte es, da sie sehr artig und gut war, nur nicht so merken lassen, wie Bruder Fritz. Der Obergerichtsrat Droßelmeier sprach ziemlich verdrießlich zu den Eltern: »Für unverständige Kinder ist solch künstliches Werk nicht, ich will nur mein Schloss wieder einpacken«; doch die Mutter trat hinzu und ließ sich den innern Bau und das wunderbare, sehr künstliche Räderwerk zeigen, wodurch die kleinen Püppchen in Bewegung gesetzt wurden. Der Rat nahm alles auseinander, und setzte es wieder zusammen. Dabei war er wieder ganz heiter geworden, und schenkte den Kindern noch einige schöne braune Männer und Frauen mit goldnen Gesichtern, Händen und Beinen. Sie waren sämtlich aus Thorn, und rochen so süß und angenehm wie Pfefferkuchen, worüber Fritz und Marie sich sehr erfreuten. Schwester Luise hatte, wie es die Mutter gewollt, das schöne Kleid angezogen, welches ihr einbeschert worden, und sah wunderhübsch aus, aber Marie meinte, als sie auch ihr Kleid anziehen sollte, sie möchte es lieber noch ein bisschen so ansehen. Man erlaubte ihr das gern.

Der Schützling

Eigentlich mochte Marie sich deshalb gar nicht von dem Weihnachtstisch trennen, weil sie eben etwas noch nicht Bemerktes entdeckt hatte. Durch das Ausrücken von Fritzens Husaren, die dicht an dem Baum in Parade gehalten, war nämlich ein sehr vortrefflicher kleiner Mann sichtbar geworden, der still und bescheiden dastand, als erwarte er ruhig, wenn die Reihe an ihn kommen werde. Gegen seinen Wuchs wäre freilich vieles einzuwenden gewesen, denn abgesehen davon, dass der etwas lange, starke Oberleib nicht recht zu den kleinen dünnen Beinchen passen wollte, so schien auch der Kopf bei weitem zu groß. Vieles machte die propre Kleidung gut, welche auf einen Mann von Geschmack und Bildung schließen ließ. Er trug nämlich ein sehr schönes violettglänzendes Husarenjäckchen mit vielen weißen Schnüren und Knöpfchen, ebensolche Beinkleider, und die schönsten Stiefelchen, die jemals an die Füße eines Studenten, ja wohl gar eines Offiziers gekommen sind. Sie saßen an den zierlichen Beinchen so knapp angegossen, als wären sie darauf gemalt.

Komisch war es zwar, dass er zu dieser Kleidung sich hinten einen schmalen, unbeholfenen Mantel, der recht aussah wie von Holz, angehängt, und ein Bergmannsmützchen aufgesetzt hatte, indessen dachte Marie daran, dass Pate Droßelmeier ja auch einen sehr schlechten Matin umhänge, und eine fatale Mütze aufsetze, dabei aber doch ein gar lieber Pate sei. Auch stellte Marie die Betrachtung an, dass Pate Droßelmeier, trüge er sich auch übrigens so zierlich wie der Kleine, doch nicht einmal so hübsch als er aussehen werde. Indem Marie den netten Mann, den sie auf den ersten Blick liebgewonnen, immer mehr und mehr ansah, da wurde sie erst recht inne, welche Gutmütigkeit auf seinem Gesichte lag. Aus den hellgrünen, etwas zu großen hervorstehenden Augen sprach nichts als Freundschaft und Wohlwollen. Es stand dem Manne gut, dass sich um sein Kinn ein wohlfrisierter Bart von weißer Baumwolle legte, denn umso mehr konnte man das süße Lächeln des hochroten Mundes bemerken. »Ach!« rief Marie endlich aus; »Ach lieber Vater, wem gehört denn der allerliebste kleine Mann dort am Baum?« »Der«, antwortete der Vater, »der, liebes Kind! soll für euch alle tüchtig arbeiten, er soll euch fein die harten Nüsse aufbeißen, und er gehört Luisen ebenso gut, als dir und dem Fritz.« Damit nahm ihn der Vater behutsam vom Tische, und indem er den hölzernen Mantel in die Höhe hob, sperrte das Männlein den Mund weit, weit auf, und zeigte zwei Reihen sehr weißer spitzer Zähnchen.

Marie schob auf des Vaters Geheiß eine Nuss hinein, und – knack – hatte sie der Mann zerbissen, dass die Schalen abfielen, und Marie den süßen Kern in die Hand bekam. Nun musste wohl jeder und auch Marie wissen, dass der zierliche kleine Mann aus dem Geschlecht der Nussknacker abstammte, und die Profession seiner Vorfahren trieb. Sie jauchzte auf vor Freude, da sprach der Vater: »Da dir, liebe Marie, Freund Nussknacker so sehr gefällt, so sollst du ihn auch besonders hüten und schützen, unerachtet, wie ich gesagt, Luise und Fritz ihn mit ebenso vielem Recht brauchen können als du!« – Marie nahm ihn sogleich in den Arm und ließ ihn Nüsse aufknacken, doch suchte sie die kleinsten aus, damit das Männlein nicht so weit den Mund aufsperren durfte, welches ihm doch im Grunde nicht gut stand.

Luise gesellte sich zu ihr, und auch für sie musste Freund Nussknacker seine Dienste verrichten, welches er gern zu tun schien, da er immerfort sehr freundlich lächelte. Fritz war unterdessen vom vielen Exerzieren und Reiten müde geworden, und da er so lustig Nüsse knacken hörte, sprang er hin zu den Schwestern, und lachte recht von Herzen über den kleinen drolligen Mann, der nun, da Fritz auch Nüsse essen wollte, von Hand zu Hand ging, und gar nicht aufhören konnte mit Auf- und Zuschnappen, Fritz schob immer die größten und härtsten Nüsse hinein, aber mit einem Male ging es – krack – krack – und drei Zähnchen fielen aus des Nussknackers Munde, und sein ganzes Unterkinn war lose und wacklig, – »Ach, mein armer lieber Nussknacker!« schrie Marie laut, und nahm ihn dem Fritz aus den Händen. »Das ist ein einfältiger dummer Bursche«, sprach Fritz. »Will Nussknacker sein, und hat kein ordentliches Gebiss – mag wohl auch sein Handwerk gar nicht verstehn. – Gib ihn nur her, Marie! Er soll mir Nüsse zerbeißen, verliert er auch noch die übrigen Zähne, ja das ganze Kinn obendrein, was ist an dem Taugenichts gelegen.« »Nein, nein«, rief Marie weinend, »du bekommst ihn nicht, meinen lieben Nussknacker, sieh nur her, wie er mich so wehmütig anschaut, und mir sein wundes Mündchen zeigt! – Aber du bist ein hartherziger Mensch – du schlägst deine Pferde, und lässt wohl gar einen Soldaten totschießen.« – »Das muss so sein, das verstehst du nicht«, rief Fritz; »aber der Nussknacker gehört ebenso gut mir, als dir, gib ihn nur her.« – Marie fing an heftig zu weinen, und wickelte den kranken Nussknacker schnell in ihr kleines Taschentuch ein. Die Eltern kamen mit dem Paten Droßelmeier herbei. Dieser nahm zu Mariens Leidwesen Fritzens Partie. Der Vater sagte aber: »Ich habe den Nussknacker ausdrücklich unter Mariens Schutz gestellt, und da, wie ich sehe, er dessen eben jetzt bedarf, so hat sie volle Macht über ihn, ohne dass jemand dreinzureden hat. Übrigens wundert es mich sehr von Fritzen, dass er von einem im Dienst Erkrankten noch fernere Dienste verlangt.

Als guter Militär sollte er doch wohl wissen, dass man Verwundete niemals in Reihe und Glied stellt?« – Fritz war sehr beschämt, und schlich, ohne sich weiter um Nüsse und Nussknacker zu bekümmern, fort an die andere Seite des Tisches, wo seine Husaren, nachdem sie gehörige Vorposten ausgestellt hatten, ins Nachtquartier gezogen waren. Marie suchte Nussknackers verlorne Zähnchen zusammen, um das kranke Kinn hatte sie ein hübsches weißes Band, das sie von ihrem Kleidchen abgelöst, gebunden, und dann den armen Kleinen, der sehr blass und erschrocken aussah, noch sorgfältiger als vorher in ihr Tuch eingewickelt. So hielt sie ihn wie ein kleines Kind wiegend in den Armen, und besah die schönen Bilder des neuen Bilderbuchs, das heute unter den andern vielen Gaben lag. Sie wurde, wie es sonst gar nicht ihre Art war, recht böse, als Pate Droßelmeier so sehr lachte, und immerfort fragte, wie sie denn mit solch einem grundhässlichen kleinen Kerl so schöntun könne. – Jener sonderbare Vergleich mit Droßelmeier, den sie anstellte, als der Kleine ihr zuerst in die Augen fiel, kam ihr wieder in den Sinn, und sie sprach sehr ernst: »Wer weiß, lieber Pate, ob du denn, putztest du dich auch so heraus wie mein lieber Nussknacker, und hättest du auch solche schöne blanke Stiefelchen an, wer weiß, ob du denn doch so hübsch aussehen würdest, als er!« – Marie wusste gar nicht, warum denn die Eltern so laut auflachten, und warum der Obergerichtsrat solch eine rote Nase bekam, und gar nicht so hell mitlachte, wie zuvor. Es mochte wohl seine besondere Ursache haben.

Wunderdinge

Bei Medizinalrats in der Wohnstube, wenn man zur Türe hineintritt gleich links an der breiten Wand steht ein hoher Glasschrank, in welchem die Kinder all die schönen Sachen, die ihnen jedes Jahr einbeschert worden, aufbewahren. Die Luise war noch ganz klein, als der Vater den Schrank von einem sehr geschickten Tischler machen ließ, der so himmelhelle Scheiben einsetzte und überhaupt das Ganze so geschickt einzurichten wusste, dass alles drinnen sich beinahe blanker und hübscher ausnahm, als wenn man es in Händen hatte. Im obersten Fache, für Marien und Fritzen unerreichbar, standen des Paten Droßelmeier Kunstwerke, gleich darunter war das Fach für die Bilderbücher, die beiden untersten Fächer durften Marie und Fritz anfüllen wie sie wollten, jedoch geschah es immer, dass Marie das unterste Fach ihren Puppen zur Wohnung einräumte, Fritz dagegen in dem Fache drüber seine Truppen Kantonierungsquartiere beziehen ließ. So war es auch heute gekommen, denn, indem Fritz seine Husaren oben aufgestellt, hatte Marie unten Mamsell Trutchen beiseitegelegt, die neue schön geputzte Puppe in das sehr gut möblierte Zimmer hineingesetzt, und sich auf Zuckerwerk bei ihr eingeladen. Sehr gut möbliert war das Zimmer, habe ich gesagt, und das ist auch wahr, denn ich weiß nicht, ob du, meine aufmerksame Zuhörerin Marie! ebenso wie die kleine Stahlbaum (es ist dir schon bekannt worden, dass sie auch Marie heißt), ja! –ich meine, ob du ebenso wie diese, ein kleines schöngeblümtes Sofa, mehrere allerliebste Stühlchen, einen niedlichen Teetisch, vor allen Dingen aber ein sehr nettes blankes Bettchen besitzest, worin die schönsten Puppen ausruhen? Alles dieses stand in der Ecke des Schranks, dessen Wände hier sogar mit bunten Bilderchen tapeziert waren, und du kannst dir wohl denken, dass in *diesem* Zimmer die neue Puppe, welche, wie Marie noch denselben Abend erfuhr, Mamsell Clärchen hieß, sich sehr wohl befinden musste.

Es war später Abend geworden, ja Mitternacht im Anzuge, und Pate Droßelmeier längst fortgegangen, als die Kinder noch gar nicht wegkommen konnten von dem Glasschrank, sosehr auch die Mutter mahnte, dass sie doch endlich nun zu Bette gehen möchten. »Es ist wahr«, rief endlich Fritz, »die armen Kerls (seine Husaren meinend) wollen auch nun Ruhe haben, und solange ich da bin, wagt's keiner, ein bisschen zu nicken, das weiß ich schon!« Damit ging er ab; Marie aber bat gar sehr: »Nur noch ein Weilchen, ein einziges kleines Weilchen lass mich hier, liebe Mutter, hab ich ja doch manches zu besorgen, und ist das geschehen, so will ich ja gleich zu Bette gehen!« Marie war gar ein frommes vernünftiges Kind, und so konnte die gute Mutter wohl ohne Sorgen sie noch bei den Spielsachen allein lassen. Damit aber Marie nicht etwa gar zu sehr verlockt werde von der neuen Puppe und den schönen Spielsachen überhaupt, so aber die Lichter vergäße, die rings um den Wandschrank brennten, löschte die Mutter sie sämtlich aus, so dass nur die Lampe, die in der Mitte des Zimmers von der Decke herabhing, ein sanftes anmutiges Licht verbreitete. »Komm bald hinein, liebe Marie! sonst kannst du ja morgen nicht zu rechter Zeit aufstehen«, rief die Mutter, indem sie sich in das Schlafzimmer entfernte. Sobald sich Marie allein befand, schritt sie schnell dazu, was ihr zu tun recht auf dem Herzen lag, und was sie doch nicht, selbst wusste sie nicht, warum, der Mutter zu entdecken vermochte. Noch immer hatte sie den kranken Nussknacker eingewickelt in ihr Taschentuch auf dem Arm getragen. Jetzt legte sie ihn behutsam auf den Tisch, wickelte leise, leise das Tuch ab, und sah nach den Wunden. Nussknacker war sehr bleich, aber dabei lächelte er so wehmütig freundlich, dass es Marien recht durch das Herz ging. »Ach, Nussknackerchen«, sprach sie sehr leise, »sei nur nicht böse, dass Bruder Fritz dir so wehe getan hat, er hat es auch nicht so schlimm gemeint, er ist nur ein bisschen hartherzig geworden durch das wilde Soldatenwesen, aber sonst ein recht guter Junge, das kann ich dich versichern. Nun will ich dich aber auch recht sorglich so lange pflegen, bis du wieder ganz gesund und fröhlich geworden; dir deine Zähnchen recht fest einsetzen, dir die Schultern einrenken, das soll Pate Droßelmeier, der sich auf solche Dinge versteht.« – Aber nicht ausreden konnte Marie, denn indem sie den Namen Droßelmeier nannte, machte Freund Nussknacker ein ganz verdammt schiefes Maul, und aus seinen Augen fuhr es heraus, wie grünfunkelnde Stacheln. In dem Augenblick aber, dass Marie sich recht entsetzen wollte, war es ja wie der des ehrlichen Nussknackers wehmütig lächelndes Gesicht, welches sie anblickte, und sie wusste nun wohl, dass der von der Zugluft berührte, schnell auflodernde Strahl der Lampe im Zimmer Nussknackers Gesicht so entstellt hatte. »Bin ich nicht ein töricht Mädchen, dass ich so leicht erschrecke, so dass ich sogar glaube, das Holzpüppchen da könne mir Gesichter schneiden! Aber lieb ist mir doch Nussknacker gar zu sehr, weil er so komisch ist, und doch so gutmütig, und darum muss er gepflegt werden, wie sich's gehört!« Damit nahm Marie den Freund Nussknacker in den Arm, näherte sich dem Glasschrank, kauerte vor demselben, und sprach also zur neuen Puppe: »Ich bitte dich recht sehr, Mamsell Clärchen, tritt dein Bettchen dem kranken wunden Nussknacker ab, und behelfe dich, so gut wie es geht, mit dem Sofa. Bedenke, dass du sehr gesund, und recht bei Kräften bist, denn sonst würdest du nicht solche dicke dunkelrote Backen haben, und dass sehr wenige der allerschönsten Puppen solche weiche Sofas besitzen.«

Mamsell Clärchen sah in vollem glänzenden Weihnachtsputz sehr vornehm und verdrießlich aus, und sagte nicht »Muck!« »Was mache ich aber auch für Umstände«, sprach Marie, nahm das Bette hervor, legte sehr leise und sanft Nussknackerchen hinein, wickelte noch ein gar schönes Bändchen, das sie sonst um den Leib getragen, um die wunden Schultern und bedeckte ihn bis unter die Nase. »Bei der unartigen Kläre darf er aber nicht bleiben«, sprach sie weiter und hob das Bettchen samt dem darinne liegenden Nussknacker heraus in das obere Fach, so dass es dicht neben dem schönen Dorf zu stehen kam, wo Fritzens Husaren kantonierten. Sie verschloss den Schrank und wollte ins Schlafzimmer, da – horcht auf Kinder! – da fing es an leise – leise zu wispern und zu flüstern und zu rascheln ringsherum, hinter dem Ofen, hinter den Stühlen, hinter den Schränken. – Die Wanduhr schnurrte dazwischen lauter und lauter, aber sie konnte nicht schlagen. Marie blickte hin, da hatte die große vergoldete Eule, die darauf saß, ihre Flügel herabgesenkt, so dass sie die ganze Uhr überdeckten, und den hässlichen Katzenkopf mit krummem Schnabel weit vorgestreckt.

Und stärker schnurrte es mit vernehmlichen Worten: »Uhr, Uhre, Uhre, Uhren, müsst alle nur leise schnurren, leise schnurren.– Mausekönig hat ja wohl ein feines Ohr – purrpurr – pum pum singt nur, singt ihm altes Liedlein vor – purr purr – pum pum schlag an Glöcklein, schlag an, bald ist es um ihn getan!« Und pum pum ging es ganz dumpf und heiser zwölfmal! – Marien fing an sehr zu grauen, und entsetzt wär' sie beinahe davongelaufen, als sie Pate Droßelmeier erblickte, der statt der Eule auf der Wanduhr saß und seine gelben Rockschöße von beiden Seiten wie Flügel herabgehängt hatte, aber sie ermannte sich und rief laut und weinerlich: »Pate Droßelmeier, Pate Droßelmeier, was willst du da oben? Komm herunter zu mir und erschrecke mich nicht so, du böser Pate Droßelmeier!« – Aber da ging ein tolles Kichern und Gepfeife los rund umher, und bald trottierte und lief es hinter den Wänden wie mit tausend kleinen Füßchen und tausend kleine Lichterchen blickten aus den Ritzen der Dielen. Aber nicht Lichterchen waren es, nein! kleine funkelnde Augen, und Marie wurde gewahr, dass überall Mäuse hervorguckten und sich hervorarbeiteten. Bald ging es trott – trott – hopp hopp in der Stube umher – immer lichtere und dichtere Haufen Mäuse galoppierten hin und her, und stellten sich endlich in Reihe und Glied, so wie Fritz seine Soldaten zu stellen pflegte, wenn es zur Schlacht gehen sollte. Das kam nun Marien sehr possierlich vor, und da sie nicht, wie manche andere Kinder, einen natürlichen Abscheu gegen Mäuse hatte, wollte ihr eben alles Grauen vergehen, als es mit einem Mal so entsetzlich und so schneidend zu pfeifen begann, dass es ihr eiskalt über den Rücken lief! – Ach was erblickte sie jetzt! – Nein, wahrhaftig, geehrter Leser Fritz, ich weiß, dass ebenso gut wie dem weisen und mutigen Feldherrn Fritz Stahlbaum dir das Herz auf dem rechten Flecke sitzt, aber, hättest du *das* gesehen, was Marien jetzt vor Augen kam, wahrhaftig du wärst davongelaufen, ich glaube sogar, du wärst schnell ins Bette gesprungen und hättest die Decke viel weiter über die Ohren gezogen als gerade nötig. –

Ach! – das konnte die arme Marie ja nicht einmal tun, denn hört nur Kinder! – dicht dicht vor ihren Füßen sprühte es wie von unterirdischer Gewalt getrieben, Sand und Kalk und zerbröckelte Mauersteine hervor und sieben Mäuseköpfe mit sieben hellfunkelnden Kronen erhoben sich recht grässlich zischend und pfeifend aus dem Boden. Bald arbeitete sich auch der Mäusekörper, an dessen Hals die sieben Köpfe angewachsen waren, vollends hervor und der großen mit sieben Diademen geschmückten Maus jauchzte in vollem Chorus dreimal laut aufquiekend das ganze Heer entgegen, das sich nun auf einmal in Bewegung setzte und hott, hott – trott – trott ging es – ach geradezu auf den Schrank – geradezu auf Marien los, die noch dicht an der Glastüre des Schrankes stand.

Vor Angst und Grauen hatte Marien das Herz schon so gepocht, dass sie glaubte, es müsse nun gleich aus der Brust herausspringen und dann müsste sie sterben; aber nun war es ihr, als stehe ihr das Blut in den Adern still. Halb ohnmächtig wankte sie zurück, da ging es klirr – klirr – prr und in Scherben fiel die Glasscheibe des Schranks herab, die sie mit dem Ellbogen eingestoßen. Sie fühlte wohl in dem Augenblick einen recht stechenden Schmerz am linken Arm, aber es war ihr auch plötzlich viel leichter ums Herz, sie hörte kein Quieken und Pfeifen mehr, es war alles ganz still geworden, und, obschon sie nicht hinblicken mochte, glaubte sie doch, die Mäuse wären von dem Klirren der Scheibe erschreckt wieder abgezogen in ihre Löcher. – Aber was war denn das wieder? – Dicht hinter Marien fing es an im Schrank auf seltsame Weise zu rumoren und ganz feine Stimmchen fingen an: »Aufgewacht – aufgewacht – woll'n zur Schlacht – noch diese Nacht – aufgewacht – auf zur Schlacht.« – Und dabei klingelte es mit harmonischen Glöcklein gar hübsch und anmutig! »Ach das ist ja mein kleines Glockenspiel«, rief Marie freudig, und sprang schnell zur Seite. Da sah sie wie es im Schrank ganz sonderbar leuchtete und herumwirtschaftete und hantierte. Es waren mehrere Puppen, die durcheinanderliefen und mit den kleinen Armen herumfochten. Mit einem Mal erhob sich jetzt Nussknacker, warf die Decke weit von sich und sprang mit beiden Füßen zugleich aus dem Bette, indem er laut rief: »Knack – knack – knack – dummes Mausepack – dummer toller Schnack – Mausepack – Knack – Knack – Mausepack – Krick und Krack – wahrer Schnack.« Und damit zog er sein kleines Schwert und schwang es in den Lüften und rief: »Ihr meine lieben Vasallen, Freunde und Brüder, wollt ihr mir beistehen im harten Kampf?« – Sogleich schrien heftig drei Skaramuzze, ein Pantalon, vier Schornsteinfeger, zwei Zitherspielmänner und ein Tambour: »Ja Herr – wir hängen Euch an in standhafter Treue – mit Euch ziehen wir in Tod, Sieg und Kampf!« und stürzten sich nach dem begeisterten Nussknacker, der den gefährlichen Sprung wagte, vom obern Fach herab. Ja! jene hatten gut sich herabstürzen, denn nicht allein dass sie reiche Kleider von Tuch und Seide trugen, so war inwendig im Leibe auch nicht viel anders als Baumwolle und Häcksel, daher plumpten sie auch herab wie Wollsäckchen. Aber der arme Nussknacker, der hätte gewiss Arm und Beine gebrochen, denn, denkt euch, es war beinahe zwei Fuß hoch vom Fache, wo er stand, bis zum untersten, und sein Körper war so spröde als sei er geradezu aus Lindenholz geschnitzt. Ja Nussknacker hätte gewiss Arm und Beine gebrochen, wäre, im Augenblick als er sprang, nicht auch Mamsell Clärchen schnell vom Sofa aufgesprungen und hätte den Helden mit dem gezogenen Schwert in ihren weichen Armen aufgefangen. »Ach du liebes gutes Clärchen!«, schluchzte Marie, »wie habe ich dich verkannt, gewiss gabst du Freund Nussknackern dein Bettchen recht gerne her!« Doch Mamsell Clärchen sprach jetzt, indem sie den jungen Helden sanft an ihre seidene Brust drückte: »Wollet Euch, o Herr! krank und wund wie Ihr seid, doch nicht in Kampf und Gefahr begeben, seht wie Eure tapferen Vasallen kampflustig und des Sieges gewiss sich sammeln. Skaramuz, Pantalon, Schornsteinfeger, Zitherspielmann und Tambour sind schon unten und die Devisenfiguren in meinem Fache rühren und regen sich merklich! Wollet, o Herr! in meinen Armen ausruhen, oder von meinem Federhut herab Euern Sieg anschaun!« So sprach Clärchen, doch Nussknacker tat ganz ungebärdig und strampelte so sehr mit den Beinen, dass Clärchen ihn schnell herab auf den Boden setzen musste. In dem Augenblick ließ er sich aber sehr artig auf ein Knie nieder und lispelte: »O Dame! stets werd' ich Eurer mir bewiesenen Gnade und Huld gedenken in Kampf und Streit!« Da bückte sich Clärchen so tief herab, dass sie ihn beim Ärmchen ergreifen konnte, hob ihn sanft auf, löste schnell ihren mit vielen Füttern gezierten Leibgürtel los und wollte ihn dem Kleinen umhängen, doch der wich zwei Schritte zurück, legte die Hand auf die Brust, und sprach sehr feierlich: »Nicht so wollet, o Dame, Eure Gunst an mir verschwenden, denn« – er stockte, seufzte tief auf, riss dann schnell das Bändchen, womit ihn Marie verbunden hatte, von den Schultern, drückte es an die Lippen, hing es wie eine Feldbinde um, und sprang, das blankgezogene Schwertlein mutig schwenkend, schnell und behände wie ein Vögelchen über die Leiste des Schranks auf den Fußboden. – Ihr merkt wohl höchst geneigte und sehr vortreffliche Zuhörer, dass Nussknacker schon früher als er wirklich lebendig worden, alles Liebe und Gute, was ihm Marie erzeigte, recht deutlich fühlte, und dass er nur deshalb, weil er Marien so gar gut worden, auch nicht einmal ein Band von Mamsell Clärchen annehmen und tragen wollte, unerachtet es sehr glänzte und sehr hübsch aussah. Der treue gute Nussknacker putzte sich lieber mit Mariens schlichtem Bändchen. – Aber wie wird es nun weiter werden? – Sowie Nussknacker herabspringt, geht auch das Quieken und Piepen wieder los. Ach! unter dem großen Tische halten ja die fatalen Rotten unzähliger Mäuse und über alle ragt die abscheuliche Maus mit den sieben Köpfen hervor! – Wie wird das nun werden! –

Die Schlacht

»Schlagt den Generalmarsch, getreuer Vasalle Tambour!« schrie Nussknacker sehr laut und sogleich fing der Tambour an, auf die künstlichste Weise zu wirbeln, dass die Fenster des Glasschranks zitterten und dröhnten. Nun krackte und klapperte es drinnen und Marie wurde gewahr, dass die Deckel sämtlicher Schachteln worin Fritzens Armee einquartiert war mit Gewalt auf- und die Soldaten heraus und herab ins unterste Fach sprangen, dort sich aber in blanken Rotten sammelten. Nussknacker lief auf und nieder begeisterte Worte zu den Truppen sprechend: »Kein Hund von Trompeter regt und rührt sich«, schrie Nussknacker erbost, wandte sich aber dann schnell zum Pantalon, der etwas blass geworden, mit dem langen Kinn sehr wackelte, und sprach feierlich: »General, ich kenne Ihren Mut und ihre Erfahrung, hier gilt's schnellen Überblick und Benutzung des Moments – ich vertraue Ihnen das Kommando sämtlicher Kavallerie und Artillerie an – ein Pferd brauchen Sie nicht, Sie haben sehr lange Beine und galoppieren damit leidlich. – Tun Sie jetzt, was Ihres Berufs ist.« Sogleich drückte Pantalon die dürren langen Fingerchen an den Mund und krähte so durchdringend, dass es klang als würden hundert helle Trompetlein lustig geblasen. Da ging es im Schrank an ein Wiehern und Stampfen, und siehe, Fritzens Kürassiere und Dragoner, vor allen Dingen aber die neuen glänzenden Husaren rückten aus, und hielten bald unten auf dem Fußboden.

Nun defilierte Regiment auf Regiment mit fliegenden Fahnen und klingendem Spiel bei Nussknacker vorüber und stellte sich in breiter Reihe quer über den Boden des Zimmers. Aber vor ihnen her fuhren rasselnd Fritzens Kanonen auf, von den Kanonieren umgeben, und bald ging es bum – bum und Marie sah, wie die Zuckererbsen einschlugen in den dicken Haufen der Mäuse, die davon ganz weiß überpudert wurden und sich sehr schämten. Vorzüglich tat ihnen aber eine schwere Batterie viel Schaden, die auf Mamas Fußbank aufgefahren war und Pum – Pum – Pum, immer hintereinander fort Pfeffernüsse unter die Mäuse schoss, wovon sie umfielen. Die Mäuse kamen aber doch immer näher und überrannten sogar einige Kanonen, aber da ging es Prr – Prr, Prr, und vor Rauch und Staub konnte Marie kaum sehen, was nun geschah. Doch so viel war gewiss, dass jedes Korps sich mit der höchsten Erbitterung schlug, und der Sieg lange hin und her schwankte. Die Mäuse entwickelten immer mehr und mehr Massen, und ihre kleinen silbernen Pillen, die sie sehr geschickt zu schleudern wussten, schlugen schon bis in den Glasschrank hinein. Verzweiflungsvoll liefen Clärchen und Trutchen umher und rangen sich die Händchen wund. »Soll ich in meiner blühendsten Jugend sterben! – ich die schönste der Puppen!« schrie Clärchen. »Hab ich darum mich so gut konserviert, um hier in meinen vier Wänden umzukommen?« rief Trutchen. Dann fielen sie sich um den Hals, und heulten so sehr, dass man es trotz des tollen Lärms doch hören konnte. Denn von dem Spektakel, der nun losging, habt ihr kaum einen Begriff, werte Zuhörer. – Das ging – Prr – Prr – Puff, Piff – Schnetterdeng – Schnetterdeng – Bum, Burum, Bum – Burum – Bum – durcheinander und dabei quiekten und schrien Mauskönig und Mäuse, und dann hörte man wieder Nussknackers gewaltige Stimme, wie er nützliche Befehle austeilte und sah ihn, wie er über die im Feuer stehenden Bataillone hinwegschritt! – Pantalon hatte einige sehr glänzende Kavallerieangriffe gemacht und sich mit Ruhm bedeckt, aber Fritzens Husaren wurden von der Mäuseartillerie mit

hässlichen, übelriechenden Kugeln beworfen, die ganz fatale Flecke in ihren roten Wämsern machten, weshalb sie nicht recht vor wollten. Pantalon ließ sie links abschwenken und in der Begeisterung des Kommandierens machte er es ebenso und seine Kürassiere und Dragoner auch, das heißt, sie schwenkten alle links ab, und gingen nach Hause. Dadurch geriet die auf der Fußbank postierte Batterie in Gefahr, und es dauerte auch gar nicht lange, so kam ein dicker Haufe sehr hässlicher Mäuse und rannte so stark an, dass die ganze Fußbank mitsamt den Kanonieren und Kanonen umfiel. Nussknacker schien sehr bestürzt, und befahl, dass der rechte Flügel eine rückgängige Bewegung machen solle. Du weißt, o mein kriegserfahrner Zuhörer Fritz! dass eine solche Bewegung machen, beinahe so viel heißt als davonlaufen und betrauerst mit mir schon jetzt das Unglück, was über die Armee des kleinen von Marie geliebten Nussknackers kommen sollte! – Wende jedoch dein Auge von diesem Unheil ab, und beschaue den linken Flügel der Nussknackerischen Armee, wo alles noch sehr gutsteht und für Feldherrn und Armee viel zu hoffen ist. Während des hitzigsten Gefechts waren leise leise Mäusekavalleriemassen unter der Kommode herausdebouchiert, und hatten sich unter lautem grässlichen Gequiek mit Wut auf den linken Flügel der Nussknackerischen Armee geworfen, aber welchen Widerstand fanden sie da! – Langsam, wie es die Schwierigkeit des Terrains nur erlaubte, da die Leiste des Schranks zu passieren, war das Devisenkorps unter der Anführung zweier chinesischer Kaiser vorgerückt, und hatte sich *en quarré plein* formiert. – Diese wackern, sehr bunten und herrlichen Truppen, die aus vielen Gärtnern, Tirolern, Tungusen, Friseurs, Harlekins, Kupidos, Löwen, Tigern, Meerkatzen und Affen bestanden, fochten mit Fassung, Mut und Ausdauer. Mit spartanischer Tapferkeit hätte dies Bataillon von Eliten dem Feinde den Sieg entrissen, wenn nicht ein verwegener feindlicher Rittmeister tollkühn vordringend einem der chinesischen Kaiser den Kopf abgebissen und dieser im Fallen zwei Tungusen und eine Meerkatze erschlagen hätte. Dadurch entstand eine Lücke, durch die der Feind eindrang und bald war das ganze Bataillon zerbissen. Doch wenig Vorteil hatte der Feind von dieser Untat. Sowie ein Mäusekavallerist mordlustig einen der tapfern Gegner mittendurch zerbiss, bekam er einen kleinen gedruckten Zettel in den Hals, wovon er augenblicklich starb. – Half dies aber wohl auch der Nussknackerischen Armee, die, einmal rückgängig geworden, immer rückgängiger wurde und immer mehr Leute verlor, so dass der unglückliche Nussknacker nur mit einem gar kleinen Häufchen dicht vor dem Glasschranke hielt? »Die Reserve soll heran! – Pantalon – Skaramuz – Tambour – wo seid ihr?« – So schrie Nussknacker, der noch auf neue Truppen hoffte, die sich aus dem Glasschrank entwickeln sollten. Es kamen auch wirklich einige braune Männer und Frauen aus Thorn mit goldnen Gesichtern, Hüten und Helmen heran, die fochten aber so ungeschickt um sich herum, dass sie keinen der Feinde trafen und bald ihrem Feldherrn Nussknacker selbst die Mütze vom Kopfe heruntergefochten hätten. Die feindlichen Chasseurs bissen ihnen auch bald die Beine ab, so dass sie umstülpten und noch dazu einige von Nussknackers Waffenbrüdern erschlugen. Nun war Nussknacker vom Feinde dicht umringt, in der höchsten Angst und Not. Er wollte über die Leiste des Schranks springen, aber die Beine waren zu kurz, Clärchen und Trutchen lagen in Ohnmacht, sie konnten ihm nicht helfen – Husaren – Dragoner sprangen lustig bei ihm vorbei und hinein, da schrie er auf in heller Verzweiflung: »Ein Pferd – ein Pferd – ein Königreich für ein Pferd!« – In dem Augenblick packten ihn zwei feindliche Tirailleurs bei dem hölzernen Mantel und im Triumph aus sieben Kehlen aufquiekend, sprengte Mausekönig heran. Marie wusste sich nicht mehr zu fassen. »O mein armer Nussknacker! – mein armer Nussknacker!«, so rief sie schluchzend, fasste, ohne sich deutlich ihres Tuns bewusst zu sein, nach ihrem linken Schuh, und warf ihn mit Gewalt in den dicksten Haufen der Mäuse hinein auf ihren König. In dem Augenblick schien alles verstoben und verflogen, aber Marie empfand am linken Arm einen noch stechendern Schmerz als vorher und sank ohnmächtig zur Erde nieder.

Die Krankheit

Als Marie wie aus tiefem Todesschlaf erwachte, lag sie in ihrem Bettchen und die Sonne schien hell und funkelnd durch die mit Eis belegten Fenster in das Zimmer hinein. Dicht neben ihr saß ein fremder Mann, den sie aber bald für den Chirurgus Wendelstern erkannte. Der sprach leise: »Nun ist sie aufgewacht!« Da kam die Mutter herbei und sah sie mit recht ängstlich forschenden Blicken an. »Ach liebe Mutter«, lispelte die kleine Marie: »sind denn nun die hässlichen Mäuse alle fort, und ist denn der gute Nussknacker gerettet?« »Sprich nicht solch' albernes Zeug, liebe Marie«, erwiderte die Mutter, »was haben die Mäuse mit dem Nussknacker zu tun. Aber du böses Kind, hast uns allen recht viel Angst und Sorge gemacht. Das kommt davon her, wenn die Kinder eigenwillig sind und den Eltern nicht folgen. Du spieltest gestern bis in die tiefe Nacht hinein mit deinen Puppen. Du wurdest schläfrig, und mag es sein, dass ein hervorspringendes Mäuschen, deren es doch sonst hier nicht gibt, dich erschreckt hat; genug, du stießest mit dem Arm eine Glasscheibe des Schranks ein und schnittest dich so sehr in den Arm, dass Herr Wendelstern, der dir eben die noch in den Wunden steckenden Glasscherbchen herausgenommen hat, meint, du hättest, zerschnitt das Glas eine Ader, einen steifen Arm behalten, oder dich gar verbluten können. Gott sei gedankt, dass ich um Mitternacht erwachend, und dich noch so spät vermissend, aufstand, und in die Wohnstube ging. Da lagst du dicht neben dem Glasschrank ohnmächtig auf der Erde und blutetest sehr. Bald wär' ich vor Schreck auch ohnmächtig geworden. Da lagst du nun, und um dich her zerstreut erblickte ich viele von Fritzens bleiernen Soldaten und andere Puppen, zerbrochene Devisen, Pfefferkuchmänner; Nussknacker lag aber auf deinem blutenden Arme und nicht weit von dir dein linker Schuh.« »Ach Mütterchen, Mütterchen«, fiel Marie ein: »sehen Sie wohl, das waren ja noch die Spuren von der großen Schlacht zwischen den Puppen und Mäusen, und nur darüber bin ich so sehr erschrocken, als die Mäuse den armen Nussknacker, der die Puppenarmee kommandierte, gefangen nehmen wollten. Da warf ich meinen Schuh unter die Mäuse und dann weiß ich weiter nicht was vorgegangen.« Der Chirurgus Wendelstern winkte der Mutter mit den Augen und diese sprach sehr sanft zu Marien: »Lass es nur gut sein, mein liebes Kind! – beruhige dich, die Mäuse sind alle fort und Nussknackerchen steht gesund und lustig im Glasschrank.« Nun trat der Medizinalrat ins Zimmer und sprach lange mit

dem Chirurgus Wendelstern; dann fühlte er Mariens Puls und sie hörte wohl, dass von einem Wundfieber die Rede war. Sie musste im Bette bleiben und Arzenei nehmen und so dauerte es einige Tage, wiewohl sie außer einigem Schmerz am Arm sich eben nicht krank und unbehaglich fühlte. Sie wusste, dass Nussknackerchen gesund aus der Schlacht sich gerettet hatte, und es kam ihr manchmal wie im Traume vor, dass er ganz vernehmlich, wiewohl mit sehr wehmütiger Stimme sprach: »Marie, teuerste Dame, Ihnen verdanke ich viel, doch noch mehr können Sie für mich tun!« Marie dachte vergebens darüber nach, was das wohl sein könnte, es fiel ihr durchaus nicht ein. – Spielen konnte Marie gar nicht recht wegen des wunden Arms, und wollte sie lesen, oder so in den Bilderbüchern blättern, so flimmerte es ihr seltsam vor den Augen, und sie musste davon ablassen. So musste ihr nun wohl die Zeit recht herzlich lang werden, und sie konnte kaum die Dämmerung erwarten, weil dann die Mutter sich an ihr Bett setzte, und ihr sehr viel Schönes vorlas und erzählte. Eben hatte die Mutter die vorzügliche Geschichte vom Prinzen Fakardin vollendet, als die Türe aufging, und der Pate Droßelmeier mit den Worten hinein trat: »Nun muss ich doch wirklich einmal selbst sehen, wie es mit der kranken und wunden Marie zusteht.« Sowie Marie den Paten Droßelmeier in seinem gelben Röckchen erblickte, kam ihr das Bild jener Nacht, als Nussknacker die Schlacht wider die Mäuse verlor, gar lebendig vor Augen, und unwillkürlich rief sie laut dem Obergerichtsrat entgegen: »O Pate Droßelmeier, du bist recht hässlich gewesen, ich habe dich wohl gesehen, wie du auf der Uhr saßest, und sie mit deinen Flügeln bedecktest, dass sie nicht laut schlagen sollte, weil sonst die Mäuse verscheucht worden wären, – ich habe es wohl gehört, wie du dem Mausekönig riefest! – warum kamst du dem Nussknacker, warum kamst du mir nicht zu Hülfe, du hässlicher

Pate Droßelmeier, bist du denn nicht allein schuld, dass ich verwundet und krank im Bette liegen muss?« – Die Mutter fragte ganz erschrocken: »Was ist dir denn, liebe Marie?« Aber der Pate Droßelmeier schnitt sehr seltsame Gesichter, und sprach mit schnarrender, eintöniger Stimme: »Perpendikel musste schnurren – picken – wollte sich nicht schicken – Uhren – Uhren – Uhrenperpendikel müssen schnurren – leise schnurren – schlagen Glocken laut kling klang – Hink und Honk, und Honk und Hank – Puppenmädel, sei nicht bang! – schlagen Glöcklein, ist geschlagen, Mausekönig fortzujagen, kommt die Eul' im schnellen Flug – Pak und Pik, und Pik und Puk – Glöcklein bim bim – Uhren – schnurr schnurr – Perpendikel müssen schnurren – picken wollte sich nicht schicken – Schnarr und schnurr, und pirr und purr!« – Marie sah den Paten Droßelmeier starr mit großen Augen an, weil er ganz anders, und noch viel hässlicher aussah, als sonst, und mit dem rechten Arm hin und her schlug, als würd' er gleich einer Drahtpuppe gezogen. Es hätte ihr ordentlich grauen können vor dem Paten, wenn die Mutter nicht zugegen gewesen wäre, und wenn nicht endlich Fritz, der sich unterdessen hineingeschlichen, ihn mit lautem Gelächter unterbrochen hätte. »Ei, Pate Droßelmeier«, rief Fritz, »du bist heute wieder auch gar zu possierlich, du gebärdest dich ja wie mein Hampelmann, den ich längst hinter den Ofen geworfen.«

Die Mutter blieb sehr ernsthaft, und sprach: »Lieber Herr Obergerichtsrat, das ist ja ein recht seltsamer Spaß, was meinen Sie denn eigentlich?« »Mein Himmel!«, erwiderte Droßelmeier lachend, »kennen Sie denn nicht mehr mein hübsches Uhrmacherliedchen? Das pfleg' ich immer zu singen bei solchen Patienten wie Marie.« Damit setzte er sich schnell dicht an Mariens Bette, und sprach: »Sei nur nicht böse, dass ich nicht gleich dem Mausekönig alle vierzehn Augen ausgehackt, aber es konnte nicht sein, ich will dir auch stattdessen eine rechte Freude machen.« Der Obergerichtsrat langte mit diesen Worten in die Tasche, und was er nun leise, leise hervorzog, war – der Nussknacker, dem er sehr geschickt die verlornen Zähnchen fest eingesetzt, und den lahmen Kinnbacken eingerenkt hatte. Marie jauchzte laut auf vor Freude, aber die Mutter sagte lächelnd: »Siehst du nun wohl, wie gut es Pate Droßelmeier mit deinem Nussknacker meint?« »Du musst es aber doch eingestehen, Marie«, unterbrach der Obergerichtsrat die Medizinalrätin, »du musst es aber doch eingestehen, dass Nussknacker nicht eben zum Besten gewachsen und sein Gesicht nicht eben schön zu nennen ist. Wie sotane Hässlichkeit in seine Familie gekommen und vererbt worden ist, das will ich dir wohl erzählen, wenn du es anhören willst. Oder weißt du vielleicht schon die Geschichte von der Prinzessin Pirlipat, der Hexe Mauserinks und dem künstlichen Uhrmacher?« »Hör mal«, fiel hier Fritz unversehens ein, »hör mal, Pate Droßelmeier, die Zähne hast du dem Nussknacker richtig eingesetzt, und der Kinnbacken ist auch nicht mehr so wackelig, aber warum fehlt ihm das Schwert, warum hast du ihm kein Schwert umgehängt?« »Ei«, erwiderte der Obergerichtsrat ganz unwillig, »du musst an allem mäkeln und tadeln, Junge! – Was geht mich Nussknackers Schwert an, ich habe ihn am Leibe kuriert, mag er sich nun selbst ein Schwert schaffen wie er will.« »Das ist wahr«, rief Fritz, »ist's ein tüchtiger Kerl, so wird er schon Waffen zu finden wissen!« »Also Marie«, fuhr der Obergerichtsrat fort, »sage mir, ob du die Geschichte weißt von der Prinzessin Pirlipat?« »Ach nein«, erwiderte Marie, »erzähle, lieber Pate Droßelmeier, erzähle!« »Ich hoffe«, sprach die Medizinalrätin, »ich hoffe, lieber Herr Obergerichtsrat, dass Ihre Geschichte nicht so graulich sein wird, wie gewöhnlich alles ist, was Sie erzählen?« »Mitnichten, teuerste Frau Medizinalrätin«, erwiderte Droßelmeier, »im Gegenteil ist das gar spaßhaft, was ich vorzutragen die Ehre haben werde.« »Erzähle, o erzähle, lieber Pate«, so riefen die Kinder, und der Obergerichtsrat fing also an:

Das Märchen von der harten Nuss

»Pirlipats Mutter war die Frau eines Königs, mithin eine Königin, und Pirlipat selbst in demselben Augenblick, als sie geboren wurde, eine geborne Prinzessin. Der König war außer sich vor Freude über das schöne Töchterchen, das in der Wiege lag, er jubelte laut auf, er tanzte und schwenkte sich auf einem Beine, und schrie ein Mal über das andere: ›Heisa! – hat man was Schöneres jemals gesehen, als mein Pirlipatchen?‹ – Aber alle Minister, Generale und Präsidenten und Stabsoffiziere sprangen, wie der Landesvater, auf einem Beine herum, und schrien sehr: ›Nein, niemals!‹ Zu leugnen war es aber auch in der Tat gar nicht, dass wohl, solange die Welt steht, kein schöneres Kind geboren wurde, als eben Prinzessin Pirlipat. Ihr Gesichtchen war wie von zarten lilienweißen und rosenroten Seidenflocken gewebt, die Äugelein lebendige funkelnde Azure, und es stand hübsch, dass die Löckchen sich in lauter glänzenden Goldfaden kräuselten. Dazu hatte Pirlipatchen zwei Reihen kleiner Perlzähnchen auf die Welt gebracht, womit sie zwei Stunden nach der Geburt dem Reichskanzler in den Finger biss, als er die Lineamente näher untersuchen wollte, so dass er laut aufschrie: ›O jemine!‹ – Andere behaupten, er habe, ›Au weh!‹ geschrien, die Stimmen sind noch heutzutage darüber sehr geteilt. – Kurz, Pirlipatchen biss wirklich dem Reichskanzler in den Finger, und das entzückte Land wusste nun, dass auch Geist, Gemüt und Verstand in Pirlipats kleinem engelschönen Körperchen wohne. – Wie gesagt, alles war vergnügt, nur die Königin war sehr ängstlich und unruhig, niemand wusste, warum? Vorzüglich fiel es auf, dass sie Pirlipats Wiege so sorglich bewachen ließ. Außer dem, dass die Türen von Trabanten besetzt waren, mussten, die beiden Wärterinnen dicht an der Wiege abgerechnet, noch sechs andere, Nacht für Nacht rings umher in der Stube sitzen. Was aber ganz närrisch schien, und was niemand begreifen konnte, jede dieser sechs Wärterinnen musste einen Kater auf den Schoß nehmen, und ihn die ganze Nacht streicheln, dass er immerfort zu spinnen genötigt wurde. Es ist unmöglich, dass ihr, lieben Kinder, er raten könnt, warum Pirlipats Mutter all' diese Anstalten machte, ich weiß es aber, und will es euch gleich sagen. – Es begab sich, dass einmal an dem Hofe von Pirlipats Vater viele vortreffliche Könige und sehr angenehme Prinzen versammelt waren, weshalb es denn sehr glänzend herging, und viel Ritterspiele, Komödien und Hofbälle gegeben wurden. Der König, um recht zu zeigen, dass es ihm an Gold und Silber gar nicht mangle, wollte nun einmal einen recht tüchtigen Griff in den Kronschatz tun, und was Ordentliches daraufgehen lassen. Er ordnete daher, zumal er von dem Oberhofküchenmeister insgeheim erfahren, dass der Hofastronom die Zeit des Einschlachtens angekündigt, einen großen Wurstschmaus an, warf sich in den Wagen, und lud selbst sämtliche Könige und Prinzen – nur auf einen Löffel Suppe ein, um sich der Überraschung mit dem Köstlichen zu erfreuen. Nun sprach er sehr freundlich zur Frau Königin: ›Dir ist ja schon bekannt, Liebchen! wie ich die Würste gernhabe!‹ – Die Königin wusste schon, was er damit sagen wollte, es hieß nämlich nichts anders, als sie selbst sollte sich, wie sie auch sonst schon getan, dem sehr nützlichen Geschäft des Wurstmachens unterziehen. Der Oberschatzmeister musste sogleich den großen goldnen Wurstkessel und die silbernen Kasserollen zur Küche abliefern; es wurde ein großes Feuer von Sandelholz angemacht, die Königin band ihre damastene Küchenschürze um, und bald dampften aus dem Kessel die süßen Wohlgerüche der Wurstsuppe.

Bis in den Staatsrat drang der anmutige Geruch; der König, von innerem Entzücken erfasst, konnte sich nicht halten. ›Mit Erlaubnis, meine Herren!‹ rief er, sprang schnell nach der Küche, umarmte die Königin, rührte etwas mit dem goldnen Zepter in dem Kessel und kehrte dann beruhigt in den Staatsrat zurück. Eben nun war der wichtige Punkt gekommen, dass der Speck in Würfel geschnitten, und auf silbernen Rosten geröstet werden sollte. Die Hofdamen traten ab, weil die Königin dies Geschäft aus treuer Anhänglichkeit und Ehrfurcht vor dem königlichen Gemahl allein unternehmen wollte.

Allein sowie der Speck zu braten anfing, ließ sich ein ganz feines wisperndes Stimmchen vernehmen: ›Von dem Brätlein gib mir auch, Schwester! – will auch schmausen, bin ja auch Königin – gib mir von dem Brätlein!‹ – Die Königin wusste wohl, dass es Frau Mauserinks war, die also sprach. Frau Mauserinks wohnte schon seit vielen Jahren in des Königs Palast. Sie behauptete, mit der königlichen Familie verwandt und selbst Königin in dem Reiche Mausolien zu sein, deshalb hatte sie auch eine große Hofhaltung unter dem Herde. Die Königin war eine gute mildtätige Frau, wollte sie daher auch sonst Frau Mauserinks nicht gerade als Königin und als ihre Schwester anerkennen, so gönnte sie ihr doch von Herzen an dem festlichen Tage die Schmauserei, und rief: ›Kommt nur hervor, Frau Mauserinks, Ihr möget immerhin von meinem Speck genießen.‹ Da kam auch Frau Mauserinks sehr schnell und lustig hervorgehüpft, sprang auf den Herd, und ergriff mit den zierlichen kleinen Pfötchen ein Stückchen Speck nach dem andern, das ihr die Königin hinlangte.

Aber nun kamen alle Gevattern und Muhmen der Frau Mauserinks hervorgesprungen, und auch sogar ihre sieben Söhne, recht unartige Schlingel, die machten sich über den Speck her, und nicht wehren konnte ihnen die erschrockene Königin. Zum Glück kam die Oberhofmeisterin dazu, und verjagte die zudringlichen Gäste, so dass noch etwas Speck übrig blieb, welcher, nach Anweisung des herbeigerufenen Hofmathematikers sehr künstlich auf alle Würste verteilt wurde. – Pauken und Trompeten erschallten, alle anwesenden Potentaten und Prinzen zogen in glänzenden Feierkleidern zum Teil auf weißen Zeltern, zum Teil in kristallnen Kutschen zum Wurstschmause. Der König empfing sie mit herzlicher Freundlichkeit und Huld, und setzte sich dann als Landesherr mit Kron und Zepter angetan, an die Spitze des Tisches.

Schon in der Station der Leberwürste sah man, wie der König immer mehr und mehr erblasste, wie er die Augen gen Himmel hob – leise Seufzer entflohen seiner Brust – ein gewaltiger Schmerz schien in seinem Innern zu wühlen! Doch in der Station der Blutwürste sank er laut schluchzend und ächzend, in den Lehnsessel zurück, er hielt beide Hände vors Gesicht, er jammerte und stöhnte. – Alles sprang auf von der Tafel, der Leibarzt bemühte sich vergebens des unglücklichen Königs Puls zu erfassen, ein tiefer, namenloser Jammer schien ihn zu zerreißen. Endlich, endlich, nach vielem Zureden, nach Anwendung starker Mittel, als da sind, gebrannte Federposen und dergleichen, schien der König etwas zu sich selbst zu kommen, er stammelte kaum hörbar die Worte: ›Zu wenig Speck.‹ Da warf sich die Königin trostlos ihm zu Füßen und schluchzte: ›O mein armer unglücklicher königlicher Gemahl! – o welchen Schmerz mussten Sie dulden! – Aber sehen Sie hier die Schuldige zu Ihren Füßen – strafen, strafen Sie sie hart, – Ach – Frau Mauserinks mit ihren sieben Söhnen, Gevattern und Muhmen hat den Speck aufgefressen und‹ – damit fiel die Königin rücklings über in Ohnmacht. Aber der König sprang voller Zorn auf und rief laut: ›Oberhofmeisterin, wie ging das zu?‹ Die Oberhofmeisterin erzählte, so viel sie wusste, und der König beschloss Rache zu nehmen an der Frau Mauserinks und ihrer Familie, die ihm den Speck aus der Wurst weggefressen hatten. Der Geheime Staatsrat wurde berufen, man beschloss, der Frau Mauserinks den Prozess zu machen, und ihre sämtliche Güter einzuziehen; da aber der König meinte, dass sie unterdessen ihm doch noch immer den Speck wegfressen könnte, so wurde die ganze Sache dem Hofuhrmacher und Arkanisten übertragen. Dieser Mann, der ebenso hieß, als ich, nämlich Christian Elias Droßelmeier, versprach durch eine ganz besonders staatskluge Operation die Frau Mauserinks mit ihrer Familie auf ewige Zeiten aus dem Palast zu vertreiben. Er erfand auch wirklich kleine, sehr künstliche Maschinen, in die an einem Fädchen gebratener Speck getan wurde, und die Droßelmeier rings um die Wohnung der Frau Speckfresserin aufstellte. Frau Mauserinks war viel zu weise, um nicht Droßelmeiers List einzusehen, aber alle ihre Warnungen, alle ihre Vorstellungen halfen nichts, von dem süßen Geruch des gebratenen Specks verlockt, gingen alle sieben Söhne und viele, viele Gevattern und Muhmen der Frau Mauserinks in Droßelmeiers Maschinen hinein, und wurden, als sie eben den Speck wegnaschen wollten, durch ein plötzlich vorfallendes Gitter gefangen, dann aber in der Küche selbst schmachvoll hingerichtet. Frau Mauserinks verließ mit ihrem kleinen Häufchen den Ort des Schreckens. Gram, Verzweiflung, Rache erfüllte ihre Brust. Der Hof jubelte sehr, aber die Königin war besorgt, weil sie die Gemütsart der Frau Mauserinks kannte, und wohl wusste, dass sie den Tod ihrer Söhne und Verwandten nicht ungerächt hingehen lassen würde. In der Tat erschien auch Frau Mauserinks, als die Königin eben für den königlichen Gemahl einen Lungenmus bereitete, den er sehr gern aß, und sprach: ›Meine Söhne – meine Gevattern und Muhmen sind erschlagen, gib wohl Acht, Frau Königin, dass Mausekönigin dir nicht dein Prinzesschen entzweibeißt – gib wohl Acht.‹ Darauf verschwand sie wieder, und ließ sich nicht mehr sehen, aber die Königin war so erschrocken, dass sie den Lungenmus ins Feuer fallen ließ, und zum zweiten Mal verdarb Frau Mauserinks dem Könige eine Lieblingsspeise, worüber er sehr zornig war. – Nun ist's aber genug für heute Abend, künftig das Übrige.«

Sosehr auch Marie, die bei der Geschichte ihre ganz eignen Gedanken hatte, den Pate Droßelmeier bat, doch nur ja weiterzuerzählen, so ließ er sich doch nicht erbitten, sondern sprang auf, sprechend: »Zu viel auf einmal ist ungesund, morgen das Übrige.« Eben als der Obergerichtsrat im Begriff stand, zur Tür hinauszuschreiten, fragte Fritz: »Aber sag mal, Pate Droßelmeier, ist's denn wirklich wahr, dass du die Mausefallen erfunden hast?« »Wie kann man nur so albern fragen«, rief die Mutter, aber der Obergerichtsrat lächelte sehr seltsam, und sprach leise: »Bin ich denn nicht ein künstlicher Uhrmacher und sollt' nicht einmal Mausefallen erfinden können.«

Fortsetzung des Märchens von der harten Nuss

»Nun wisst ihr wohl, Kinder«, so fuhr der Obergerichtsrat Droßelmeier am nächsten Abende fort, »nun wisst ihr wohl Kinder, warum die Königin das wunderschöne Prinzesschen Pirlipat so sorglich bewachen ließ. Musste sie nicht fürchten, dass Frau Mauserinks ihre Drohung erfüllen, wiederkommen, und das Prinzesschen totbeißen würde? Droßelmeiers Maschinen halfen gegen die kluge und gewitzigte Frau Mauserinks ganz und gar nichts, und nur der Astronom des Hofes, der zugleich Geheimer Oberzeichen- und Sterndeuter war, wollte wissen, dass die Familie des Katers Schnurr imstande sein werde, die Frau Mauserinks von der Wiege abzuhalten; demnach geschah es also, dass jede der Wärterinnen einen der Söhne jener Familie, die übrigens bei Hofe als Geheime Legationsräte angestellt waren, auf dem Schoße halten, und durch schickliches Krauen ihm den beschwerlichen Staatsdienst zu versüßen suchen musste. Es war einmal schon Mitternacht, als die eine der beiden Geheimen Oberwärterinnen, die dicht an der Wiege saßen, wie aus tiefem Schlafe auffuhr. – Alles rund umher lag vom Schlafe befangen – kein Schnurren – tiefe Totenstille, in der man das Picken des Holzwurms vernahm! – doch wie ward der Geheimen Oberwärterin, als sie dicht vor sich eine große, sehr hässliche Maus erblickte, die auf den Hinterfüßen aufgerichtet stand, und den fatalen Kopf auf das Gesicht der Prinzessin gelegt hatte. Mit einem Schrei des Entsetzens sprang sie auf, alles erwachte, aber in dem Augenblick rannte Frau Mauserinks (niemand anders war die große Maus an Pirlipats Wiege) schnell nach der Ecke des Zimmers. Die Legationsräte stürzten ihr nach, aber zu spät – durch eine Ritze in dem Fußboden des Zimmers war sie verschwunden. Pirlipatchen erwachte von dem Rumor, und weinte sehr kläglich. ›Dank dem Himmel‹ riefen die Wärterinnen, ›sie lebt!‹ Doch wie groß war ihr Schrecken, als sie hinblickten nach Pirlipatchen, und wahrnahmen, was aus dem schönen zarten Kinde geworden. Statt des weiß und roten goldgelockten Engelsköpfchens saß ein unförmlicher dicker Kopf auf einem winzig kleinen zusammengekrümmten Leibe, die azurblauen Äugelein hatten sich verwandelt in grüne hervorstehende starrblickende Augen, und das Mündchen hatte sich verzogen von einem Ohr zum andern. Die Königin wollte vergehen in

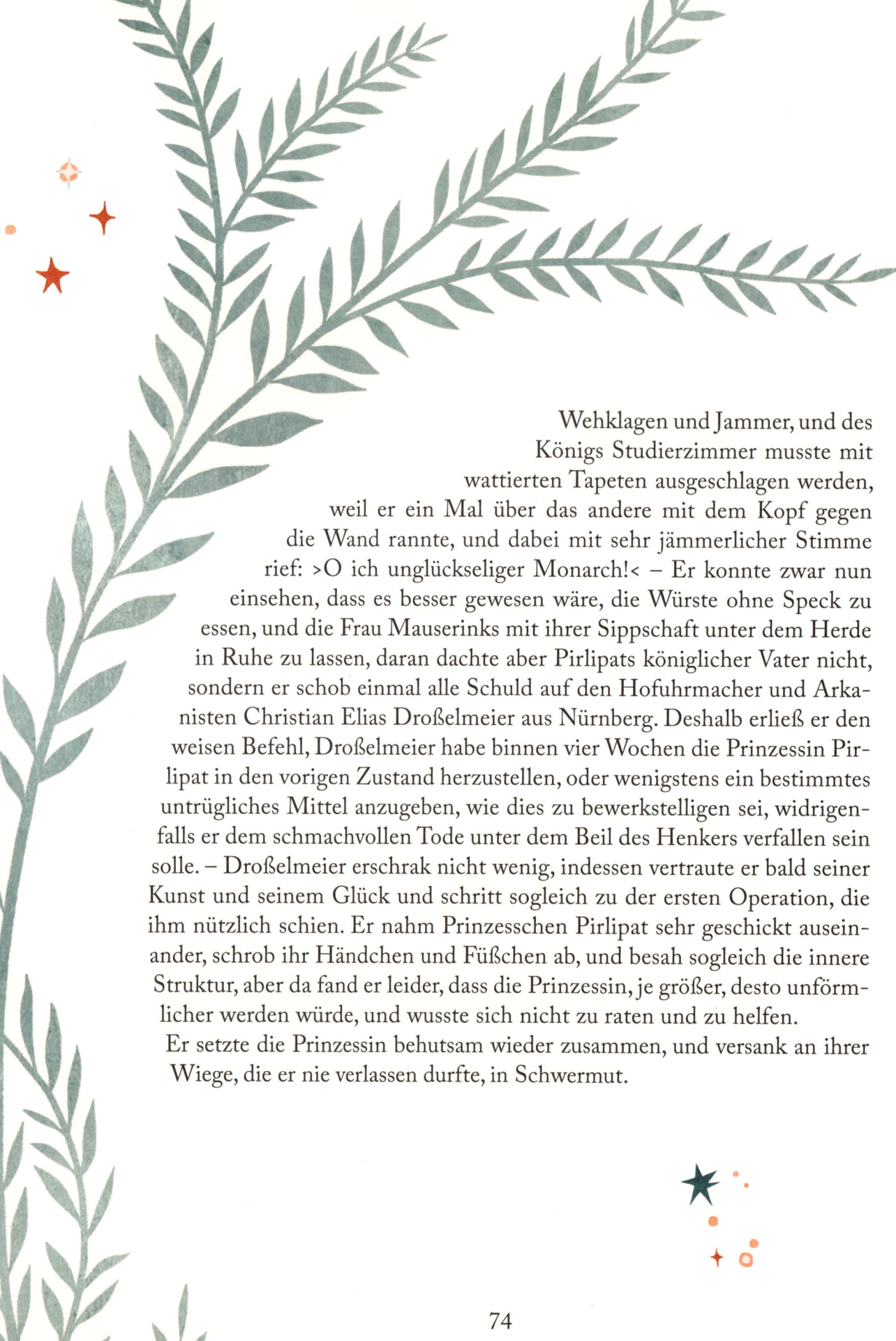

Wehklagen und Jammer, und des Königs Studierzimmer musste mit wattierten Tapeten ausgeschlagen werden, weil er ein Mal über das andere mit dem Kopf gegen die Wand rannte, und dabei mit sehr jämmerlicher Stimme rief: ›O ich unglückseliger Monarch!‹ – Er konnte zwar nun einsehen, dass es besser gewesen wäre, die Würste ohne Speck zu essen, und die Frau Mauserinks mit ihrer Sippschaft unter dem Herde in Ruhe zu lassen, daran dachte aber Pirlipats königlicher Vater nicht, sondern er schob einmal alle Schuld auf den Hofuhrmacher und Arkanisten Christian Elias Droßelmeier aus Nürnberg. Deshalb erließ er den weisen Befehl, Droßelmeier habe binnen vier Wochen die Prinzessin Pirlipat in den vorigen Zustand herzustellen, oder wenigstens ein bestimmtes untrügliches Mittel anzugeben, wie dies zu bewerkstelligen sei, widrigenfalls er dem schmachvollen Tode unter dem Beil des Henkers verfallen sein solle. – Droßelmeier erschrak nicht wenig, indessen vertraute er bald seiner Kunst und seinem Glück und schritt sogleich zu der ersten Operation, die ihm nützlich schien. Er nahm Prinzesschen Pirlipat sehr geschickt auseinander, schrob ihr Händchen und Füßchen ab, und besah sogleich die innere Struktur, aber da fand er leider, dass die Prinzessin, je größer, desto unförmlicher werden würde, und wusste sich nicht zu raten und zu helfen.
Er setzte die Prinzessin behutsam wieder zusammen, und versank an ihrer Wiege, die er nie verlassen durfte, in Schwermut.

Schon war die vierte Woche angegangen – ja bereits Mittwoch, als der König mit zornfunkelnden Augen hineinblickte, und mit dem Zepter drohend rief: ›Christian Elias Droßelmeier, kuriere die Prinzessin, oder du musst sterben!‹ Droßelmeier fing an bitterlich zu weinen, aber Prinzesschen Pirlipat knackte vergnügt Nüsse. Zum ersten Mal fiel dem Arkanisten Pirlipats ungewöhnlicher Appetit nach Nüssen, und der Umstand auf, dass sie mit Zähnchen zur Welt gekommen. In der Tat hatte sie gleich nach der Verwandlung so lange geschrien, bis ihr zufällig eine Nuss vorkam, die sie sogleich aufknackte, den Kern aß, und dann ruhig wurde. Seit der Zeit konnten die Wärterinnen nicht geraten, ihr Nüsse zu bringen. ›O heiliger Instinkt der Natur, ewig unerforschliche Sympathie aller Wesen‹, rief Christian Elias Droßelmeier aus: ›du zeigst mir die Pforte zum Geheimnis, ich will anklopfen, und sie wird sich öffnen!‹ Er bat sogleich um die Erlaubnis, mit dem Hofastronom sprechen zu können, und wurde mit starker Wache hingeführt. Beide Herren umarmten sich unter vielen Tränen, da sie zärtliche Freunde waren, zogen sich dann in ein geheimes Kabinett zurück, und schlugen viele Bücher nach, die von dem Instinkt, von den Sympathien und Antipathien und andern geheimnisvollen Dingen handelten. Die Nacht brach herein, der Hofastronom sah nach den Sternen, und stellte mit Hülfe des auch hierin sehr geschickten Droßelmeiers das Horoskop der Prinzessin Pirlipat. Das war eine große Mühe, denn die Linien verwirrten sich immer mehr und mehr, endlich aber – welche Freude, endlich lag es klar vor ihnen, dass die Prinzessin Pirlipat, um den Zauber, der sie verhässlicht, zu lösen, und um wieder so schön zu werden, als vorher, nichts zu tun hätte, als den süßen Kern der Nuss Krakatuk zu genießen.

Die Nuss Krakatuk hatte eine solche harte Schale, dass eine achtundvierzigpfündige Kanone darüber wegfahren konnte, ohne sie zu zerbrechen. Diese harte Nuss musste aber von einem Manne, der noch nie rasiert worden und der niemals Stiefeln getragen, vor der Prinzessin aufgebissen und ihr von ihm mit geschlossenen Augen der Kern dargereicht werden.

Erst nachdem er sieben Schritte rückwärts gegangen, ohne zu stolpern, durfte der junge Mann wieder die Augen erschließen. Drei Tage und drei Nächte hatte Droßelmeier mit dem Astronomen ununterbrochen gearbeitet und es saß gerade des Sonnabends der König bei dem Mittagstisch, als Droßelmeier, der Sonntag in aller Frühe geköpft werden sollte, voller Freude und Jubel hineinstürzte und das gefundene Mittel, der Prinzessin Pirlipat die verlorene Schönheit wiederzugeben, verkündete. Der König umarmte ihn mit heftigem Wohlwollen, versprach ihm einen diamantenen Degen, vier Orden und zwei neue Sonntagsröcke. ›Gleich nach Tische‹, setzte er freundlich hinzu, ›soll es ans Werk gehen, sorgen Sie, teurer Arkanist, dass der junge unrasierte Mann in Schuhen mit der Nuss Krakatuk gehörig bei der Hand sei, und lassen Sie ihn vorher keinen Wein trinken, damit er nicht stolpert, wenn er sieben Schritte rückwärtsgeht wie ein Krebs, nachher kann er erklecklich saufen!‹ Droßelmeier wurde über die Rede des Königs sehr bestürzt, und nicht ohne Zittern und Zagen brachte er es stammelnd heraus, dass das Mittel zwar gefunden wäre, beides, die Nuss Krakatuk und der junge Mann zum Aufbeißen derselben aber erst gesucht werden müssten, wobei es noch obenein zweifelhaft bliebe, ob Nuss und Nussknacker jemals gefunden werden dürften. Hocherzürnt schwang der König den Zepter über das gekrönte Haupt, und schrie mit einer Löwenstimme: ›So bleibt es bei dem Köpfen.‹ Ein Glück war es für den in Angst und Not versetzten Droßelmeier, dass dem Könige das Essen gerade den Tag sehr wohl geschmeckt hatte, er mithin in der guten Laune war, vernünftigen Vorstellungen Gehör zu geben, an denen es die großmütige und von Droßelmeiers Schicksal gerührte Königin nicht mangeln ließ. Droßelmeier fasste Mut und stellte zuletzt vor, dass er doch eigentlich die Aufgabe, das Mittel, wodurch die Prinzessin geheilt werden könne, zu nennen gelöst, und sein Leben gewonnen habe. Der König nannte das dumme Ausreden und einfältigen Schnickschnack, beschloss aber endlich, nachdem er ein Gläschen Magenwasser zu sich genommen, dass beide, der Uhrmacher und der Astronom, sich auf die Beine machen und nicht anders als mit der Nuss Krakatuk in der Tasche wiederkehren sollten. Der Mann zum Aufbeißen derselben sollte, wie es die Königin vermittelte, durch mehrmaliges Einrücken einer Aufforderung in einheimische und auswärtige Zeitungen und Intelligenzblätter herbeigeschafft werden.« – Der Obergerichtsrat brach hier wieder ab, und versprach, den andern Abend das Übrige zu erzählen.

Beschluss des Märchens von der harten Nuss

Am andern Abende, sowie kaum die Lichter angesteckt worden, fand sich Pate Droßelmeier wirklich wieder ein, und erzählte also weiter. »Droßelmeier und der Hofastronom waren schon fünfzehn Jahre unterwegs, ohne der Nuss Krakatuk auf die Spur gekommen zu sein. Wo sie überall waren, welche sonderbare seltsame Dinge ihnen widerfuhren, davon könnt' ich euch, ihr Kinder, vier Wochen lang erzählen, ich will es aber nicht tun, sondern nur gleich sagen, dass Droßelmeier in seiner tiefen Betrübnis zuletzt eine sehr große Sehnsucht nach seiner lieben Vaterstadt Nürnberg empfand. Ganz besonders überfiel ihn diese Sehnsucht, als er gerade einmal mit seinem Freunde mitten in einem großen Walde in Asien ein Pfeifchen Knaster rauchte. ›O schöne – schöne Vaterstadt Nürnberg – schöne Stadt, wer dich nicht gesehen hat, mag er auch viel gereist sein nach London, Paris und Peterwardein, ist ihm das Herz doch nicht aufgegangen, muss er doch stets nach dir verlangen – nach dir, o Nürnberg, schöne Stadt, die schöne Häuser mit Fenstern hat.‹ – Als Droßelmeier so sehr wehmütig klagte, wurde der Astronom von tiefem Mitleiden ergriffen und fing so jämmerlich zu heulen an, dass man es weit und breit in Asien hören konnte. Doch fasste er sich wieder, wischte sich die Tränen aus den Augen und fragte: ›Aber wertgeschätzter Kollege, warum sitzen wir hier und heulen? warum gehen wir nicht nach Nürnberg, ist's denn nicht gänzlich egal, wo und wie wir die fatale Nuss Krakatuk suchen?‹ ›Das ist auch wahr‹, erwiderte Droßelmeier getröstet. Beide standen alsbald auf, klopften die Pfeifen aus, und gingen schnurgerade in einem Strich fort, aus dem Walde mitten in Asien, nach Nürnberg. Kaum waren sie dort angekommen, so lief Droßelmeier schnell zu seinem Vetter, dem Puppendrechsler, Lackierer und Vergolder Christoph Zacharias Droßelmeier, den er in vielen vielen Jahren nicht mehr gesehen. *Dem* erzählte nun der Uhrmacher die ganze Geschichte von der Prinzessin Pirlipat, der Frau Mauserinks und der Nuss Krakatuk, so dass der ein Mal über das andere die Hände zusammenschlug und voll Erstaunen ausrief: ›Ei Vetter, Vetter, was sind das für wunderbare Dinge!‹ Droßelmeier erzählte weiter von den Abenteuern seiner weiten Reise, wie er zwei Jahre bei dem Dattelkönig zugebracht, wie er vom Mandelfürsten schnöde abgewiesen, wie er bei der naturforschenden Gesellschaft in Eichhornshausen vergebens angefragt, kurz wie es ihm überall misslungen sei, auch nur eine Spur von der Nuss Krakatuk zu erhalten. Während dieser Erzählung hatte Christoph Zacharias oftmals mit den Fingern geschnippt – sich auf einem Fuße herumgedreht – mit der Zunge geschnalzt – dann gerufen – ›Hm hm – I – Ei – O – das wäre der Teufel!‹ – Endlich warf er Mütze und Perücke in die Höhe, umhalste den Vetter mit Heftigkeit und rief: ›Vetter – Vetter! Ihr seid geborgen, geborgen seid Ihr, sag ich, denn alles müsste mich trügen, oder ich besitze selbst die Nuss Krakatuk.‹ Er holte alsbald eine Schachtel hervor, aus der er eine vergoldete Nuss von mittelmäßiger Größe hervorzog. ›Seht‹, sprach er, indem er die Nuss dem Vetter zeigte, ›seht, mit dieser Nuss hat es folgende Bewandtnis: Vor vielen Jahren kam einst zur Weihnachtszeit ein fremder Mann mit einem Sack voll Nüssen hierher, die er feilbot. Gerade vor meiner Puppenbude geriet er in Streit, und setzte den Sack ab, um sich besser gegen den hiesigen Nussverkäufer, der nicht leiden wollte, dass der Fremde Nüsse verkaufe, und ihn deshalb angriff, zu wehren. In dem Augenblick fuhr ein schwer beladener Lastwagen über den Sack, alle Nüsse wurden zerbrochen bis auf eine, die mir der fremde Mann, seltsam lächelnd, für einen blanken Zwanziger vom Jahre 1720 feilbot. Mir schien das wunderbar, ich fand gerade einen solchen Zwanziger in meiner Tasche, wie ihn der Mann haben wollte, kaufte die Nuss und vergoldete sie, selbst nicht recht wissend, warum ich die Nuss so teuer bezahlte und dann so wert hielt.‹ Jeder Zweifel, dass des Vetters Nuss wirklich die gesuchte Nuss Krakatuk war, wurde augenblicklich gehoben, als der herbeigerufene Hofastronom das Gold sauber abschabte, und in der Rinde der Nuss das Wort Krakatuk mit chinesischen Charakteren eingegraben fand. Die Freude der Reisenden war groß, und der Vetter der glücklichste Mensch unter der Sonne, als Droßelmeier ihm versicherte, dass sein Glück gemacht sei, da er außer einer ansehnlichen Pension hinfüro alles Gold zum Vergolden umsonst erhalten werde. Beide, der Arkanist und der Astronom, hatten schon die Schlafmützen aufgesetzt und wollten zu Bette gehen, als Letzterer, nämlich der Astronom, also anhob: ›Bester Herr Kollege, ein Glück kommt nie allein – Glauben Sie, nicht nur die Nuss Krakatuk, sondern auch den jungen Mann, der sie aufbeißt und den Schönheitskern der Prinzessin darreicht, haben wir gefunden! – Ich meine niemanden anders, als den Sohn Ihres Herrn Vetters! – Nein, nicht schlafen will ich‹, fuhr er begeistert fort, ›sondern noch in dieser Nacht des Jünglings Horoskop stellen!‹ – Damit riss er die Nachtmütze vom Kopf und fing gleich an zu observieren. – Des Vetters Sohn war in der Tat ein netter, wohlgewachsener Junge, der noch nie rasiert worden und niemals Stiefel getragen. In früher Jugend war er zwar ein paar Weihnachten hindurch ein Hampelmann gewesen, das merkte man ihm aber nicht im Mindesten an, so war er durch des Vaters Bemühungen ausgebildet worden. An den Weihnachtstagen trug er einen schönen roten Rock mit Gold, einen Degen, den Hut unter dem Arm und eine vorzügliche Frisur mit einem Haarbeutel. So stand er sehr glänzend in seines Vaters Bude und knackte aus angeborner Galanterie den jungen Mädchen die Nüsse auf, weshalb sie ihn auch schön Nussknackerchen nannten. – Den andern Morgen fiel der Astronom dem Arkanisten entzückt um den Hals und rief: ›Er ist es, wir haben ihn, er ist gefunden; nur zwei Dinge, liebster Kollege, dürfen wir nicht außer Acht lassen. Fürs Erste müssen Sie Ihrem vortrefflichen Neffen einen robusten hölzernen Zopf flechten, der mit dem untern Kinnbacken so in Verbindung steht, dass dieser dadurch stark angezogen werden kann; dann müssen wir aber, kommen wir nach der Residenz, auch sorgfältig verschweigen, dass wir den jungen Mann, der die Nuss Krakatuk aufbeißt, gleich mitgebracht haben; er muss sich vielmehr lange nach uns einfinden. Ich lese in dem Horoskop, dass der König, zerbeißen sich erst einige die Zähne ohne weitern Erfolg, dem, der die Nuss aufbeißt und der Prinzessin die verlorene Schönheit wiedergibt, Prinzessin und Nachfolge im Reich zum Lohn versprechen wird.‹ Der Vetter Puppendrechsler war gar höchlich damit zufrieden, dass sein Söhnchen die Prinzessin Pirlipat heiraten und Prinz und König werden sollte, und überließ ihn daher den Gesandten gänzlich. Der Zopf, den Droßelmeier dem jungen hoffnungsvollen Neffen ansetzte, geriet überaus wohl, so dass er mit dem Aufbeißen der härtesten Pfirsichkerne die glänzendsten Versuche anstellte.

Da Droßelmeier und der Astronom das Auffinden der Nuss Krakatuk sogleich nach der Residenz berichtet, so waren dort auch auf der Stelle die nötigen Aufforderungen erlassen worden, und als die Reisenden mit dem Schönheitsmittel ankamen, hatten sich schon viele hübsche Leute, unter denen es sogar Prinzen gab, eingefunden, die ihrem gesunden Gebiss vertrauend, die Entzauberung der Prinzessin versuchen wollten. Die Gesandten erschraken nicht wenig, als sie die Prinzessin wiedersahen. Der kleine Körper mit den winzigen Händchen und Füßchen konnte kaum den unförmlichen Kopf tragen. Die Hässlichkeit des Gesichts wurde noch durch einen weißen baumwollenen Bart vermehrt, der sich um Mund und Kinn gelegt hatte. Es kam alles so, wie es der Hofastronom im Horoskop gelesen. Ein Milchbart in Schuhen nach dem andern biss sich an der Nuss Krakatuk Zähne und Kinnbacken wund, ohne der Prinzessin im Mindesten zu helfen, und wenn er dann von den dazu bestellten Zahnärzten halb ohnmächtig weggetragen wurde, seufzte er: ›Das war eine

harte Nuss!‹ – Als nun der König in der Angst seines Herzens dem, der die Entzauberung vollenden werde, Tochter und Reich versprochen, meldete sich der artige sanfte Jüngling Droßelmeier und bat auch den Versuch beginnen zu dürfen. Keiner als der junge Droßelmeier hatte so sehr der Prinzessin Pirlipat gefallen; sie legte die kleinen Händchen auf das Herz und seufzte recht innig: ›Ach wenn es doch *der* wäre, der die Nuss Krakatuk wirklich aufbeißt und mein Mann wird.‹ Nachdem der junge Droßelmeier den König und die Königin, dann aber die Prinzessin Pirlipat, sehr höflich gegrüßt, empfing er aus den Händen des Oberzeremonienmeisters die Nuss Krakatuk, nahm sie ohne Weiteres zwischen die Zähne, zog stark den Zopf an, und Krak – Krak zerbröckelte die Schale in viele Stücke. Geschickt reinigte er den Kern von den noch daran hängenden Fasern und überreichte ihn mit einem untertänigen Kratzfuß der Prinzessin, worauf er die Augen verschloss und rückwärtszuschreiten begann. Die Prinzessin verschluckte alsbald den Kern, und o Wunder! – verschwunden war die Missgestalt, und statt ihrer stand ein engelschönes Frauenbild da, das Gesicht wie von lilienweißen und rosaroten Seidenflocken gewebt, die Augen wie glänzende Azure, die vollen Locken wie von Goldfaden gekräuselt.

Trompeten und Pauken mischten sich in den lauten Jubel des Volks. Der König, sein ganzer Hof, tanzte wie bei Pirlipats Geburt auf einem Beine, und die Königin musste mit *Eau de Cologne* bedient werden, weil sie in Ohnmacht gefallen vor Freude und Entzücken. Der große Tumult brachte den jungen Droßelmeier, der noch seine sieben Schritte zu vollenden hatte, nicht wenig aus der Fassung, doch hielt er sich und streckte eben den rechten Fuß aus zum siebenten Schritt, da erhob sich, hässlich piepend und quiekend, Frau Mauserinks aus dem Fußboden, so dass Droßelmeier, als er den Fuß niedersetzen wollte, auf sie trat und dermaßen stolperte, dass er beinahe gefallen wäre. – O Missgeschick! – urplötzlich war der Jüngling ebenso missgestaltet, als es vorher Prinzessin Pirlipat gewesen. Der Körper war zusammengeschrumpft und konnte kaum den dicken ungestalteten Kopf mit großen hervorstechenden Augen und dem breiten, entsetzlich aufgähnenden Maule tragen. Statt des Zopfes hing ihm hinten ein schmaler hölzerner Mantel herab, mit dem er den untern Kinnbacken regierte. – Uhrmacher und Astronom waren außer sich vor Schreck und Entsetzen, sie sahen aber wie Frau Mauserinks sich blutend auf dem Boden wälzte. Ihre Bosheit war nicht ungerächt geblieben, denn der junge Droßelmeier hatte sie mit dem spitzen Absatz seines Schuhes so derb in den Hals getroffen, dass sie sterben musste. Aber indem Frau Mauserinks von der Todesnot erfasst wurde, da piepte und quiekte sie ganz erbärmlich: ›O Krakatuk, harte Nuss – an der ich nun sterben muss – hi hi – pi pi fein Nussknackerlein wirst auch bald des Todes sein – Söhnlein mit den sieben Kronen, wird's dem Nussknacker lohnen, wird die Mutter rächen fein, an dir du klein Nussknackerlein – o Leben so frisch und rot, von dir scheid' ich, o Todesnot! – Quiek.‹ – Mit diesem Schrei starb Frau Mauserinks und wurde von dem königlichen Ofenheizer fortgebracht. – Um den jungen Droßelmeier hatte sich niemand bekümmert, die Prinzessin erinnerte aber den König an sein Versprechen, und sogleich befahl er, dass man den jungen Helden herbeischaffe. Als nun aber der Unglückliche in seiner Missgestalt hervortrat, da hielt die Prinzessin beide Hände vors Gesicht und schrie: ›Fort, fort mit dem abscheulichen Nussknacker!‹ Alsbald ergriff ihn auch der Hofmarschall bei den kleinen Schultern und warf ihn zur Türe heraus.

Der König war voller Wut, dass man ihm habe einen Nussknacker als Eidam aufdringen wollen, schob alles auf das Ungeschick des Uhrmachers und des Astronomen, und verwies beide auf ewige Zeiten aus der Residenz. Das hatte nun nicht in dem Horoskop gestanden, welches der Astronom in Nürnberg gestellt, er ließ sich aber nicht abhalten, aufs Neue zu observieren und da wollte er in den Sternen lesen, dass der junge Droßelmeier sich in seinem neuen Stande so gut nehmen werde, dass er trotz seiner Ungestalt Prinz und König werden würde. Seine Missgestalt könne aber nur dann verschwinden, wenn der Sohn der Frau Mauserinks, den sie nach dem Tode ihrer sieben Söhne, mit sieben Köpfen geboren, und welcher Mausekönig geworden, von seiner Hand gefallen sei, und eine Dame ihn, trotz seiner Missgestalt, liebgewinnen werde. Man soll denn auch wirklich den jungen Droßelmeier in Nürnberg zur Weihnachtszeit in seines Vaters Bude, zwar als Nussknacker, aber doch als Prinzen gesehen haben! – Das ist, ihr Kinder! das Märchen von der harten Nuss, und ihr wisst nun, warum die Leute so oft sagen: ›Das war eine harte Nuss!‹ und wie es kommt, dass die Nussknacker so hässlich sind.«

So schloss der Obergerichtsrat seine Erzählung. Marie meinte, dass die Prinzessin Pirlipat doch eigentlich ein garstiges, undankbares Ding sei; Fritz versicherte dagegen, dass, wenn Nussknacker nur sonst ein braver Kerl sein wolle, er mit dem Mausekönig nicht viel Federlesens machen, und seine vorige hübsche Gestalt bald wiedererlangen werde.

Onkel und Neffe

Hat jemand von meinen hochverehrtesten Lesern oder Zuhörern jemals den Zufall erlebt, sich mit Glas zu schneiden, so wird er selbst wissen, wie wehe es tut, und welch schlimmes Ding es überhaupt ist, da es so langsam heilt. Hatte doch Marie beinahe eine ganze Woche im Bett zubringen müssen, weil es ihr immer ganz schwindlicht zumute wurde, sobald sie aufstand. Endlich aber wurde sie ganz gesund, und konnte lustig, wie sonst, in der Stube umherspringen. Im Glasschrank sah es ganz hübsch aus, denn neu und blank standen da Bäume und Blumen und Häuser, und schöne glänzende Puppen. Vor allen Dingen fand Marie ihren lieben Nussknacker wieder, der, in dem zweiten Fache stehend, mit ganz gesunden Zähnchen sie anlächelte. Als sie nun den Liebling so recht mit Herzenslust anblickte, da fiel es ihr mit einem Mal sehr bänglich aufs Herz, dass alles, was Pate Droßelmeier erzählt habe, ja nur die Geschichte des Nussknackers und seines Zwistes mit der Frau Mauserinks und ihrem Sohne gewesen. Nun wusste sie, dass ihr Nussknacker kein anderer sein könne, als der junge Droßelmeier aus Nürnberg, des Pate Droßelmeiers angenehmer, aber leider von der Frau Mauserinks verhexter Neffe. Denn dass der künstliche Uhrmacher am Hofe von Pirlipats Vater niemand anders gewesen, als der Obergerichtsrat Droßelmeier selbst, daran hatte Marie schon bei der Erzählung nicht einen Augenblick gezweifelt. »Aber warum half dir der Onkel denn nicht, warum half er dir nicht?«, so klagte Marie, als sich es immer lebendiger und lebendiger in ihr gestaltete, dass es in jener Schlacht, die sie mit ansah, Nussknackers Reich und Krone galt. Waren denn nicht alle übrigen Puppen ihm untertan, und war es denn nicht gewiss, dass die Prophezeiung des Hofastronomen eingetroffen, und der junge Droßelmeier König des Puppenreichs geworden? Indem die kluge Marie das alles so recht im Sinn erwägte, glaubte sie auch, dass Nussknacker und seine Vasallen in dem Augenblick, dass sie ihnen Leben und Bewegung zutraute, auch wirklich leben und sich bewegen müssten. Dem war aber nicht so, alles im Schranke blieb vielmehr starr und regungslos, und Marie weit entfernt, ihre innere Überzeugung aufzugeben, schob das nur auf die fortwirkende Verhexung der Frau Mauserinks und ihres siebenköpfigen Sohnes. »Doch«, sprach sie laut zum Nussknacker: »wenn Sie auch nicht imstande sind, sich zu bewegen oder ein Wörtchen mit mir zu sprechen, lieber Herr Droßelmeier! so weiß ich doch, dass Sie mich verstehen, und es wissen, wie gut ich es mit Ihnen meine; rechnen Sie auf meinen Beistand, wenn Sie dessen bedürfen. – Wenigstens will ich den Onkel bitten, dass er Ihnen mit seiner Geschicklichkeit beispringe, wo es nötig ist.« Nussknacker blieb still und ruhig, aber Marien war es so, als atme ein leiser Seufzer durch den Glasschrank, wovon die Glasscheiben kaum hörbar, aber wunderlieblich ertönten, und es war, als sänge ein kleines Glockenstimmchen: »Maria klein – Schutzenglein mein – dein werd ich sein – Maria mein.« Marie fühlte in den eiskalten Schauern, die sie überliefen, doch ein seltsames Wohlbehagen. Die Dämmerung war eingebrochen, der Medizinalrat trat mit dem Paten Droßelmeier hinein, und nicht lange dauerte es, so hatte Luise den Teetisch geordnet, und die Familie saß ringsumher, allerlei Lustiges miteinander sprechend. Marie hatte ganz still ihr kleines Lehnstühlchen herbeigeholt und sich zu den Füßen des Paten Droßelmeier gesetzt. Als nun gerade einmal alle schwiegen, da sah Marie mit ihren großen blauen Augen dem Obergerichtsrat starr ins Gesicht und sprach: »Ich weiß jetzt, lieber Pate Droßelmeier, dass mein Nussknacker dein Neffe, der junge Droßelmeier aus Nürnberg ist; Prinz oder vielmehr König ist er geworden, das ist richtig eingetroffen, wie es dein Begleiter, der Astronom, vorausgesagt hat; aber du weißt es ja, dass er mit dem Sohne der Frau Mauserinks, mit dem hässlichen Mausekönig, in offnem Kriege steht. Warum hilfst du ihm nicht?« Marie erzählte nun nochmals den ganzen Verlauf der Schlacht, wie sie es angesehen, und wurde oft durch das laute Gelächter der Mutter und Luisens unterbrochen. Nur Fritz und Droßelmeier blieben ernsthaft. »Aber wo kriegt das Mädchen all' das tolle Zeug in den Kopf?« sagte der Medizinalrat. »Ei nun«, erwiderte die Mutter, »hat sie doch eine lebhafte Fantasie – eigentlich sind es nur Träume, die das heftige Wundfieber erzeugte.« »Es ist alles nicht wahr«, sprach Fritz, »solche Poltrons sind meine roten Husaren nicht, Potz Bassa Manelka, wie würd' ich sonst darunterfahren.« Seltsam lächelnd nahm aber Pate Droßelmeier die kleine Marie auf den Schoß, und sprach sanfter als je: »Ei, dir liebe Marie ist ja mehr gegeben, als mir und uns allen; du bist, wie Pirlipat, eine geborene Prinzessin, denn du regierst in einem schönen, blanken Reich. – Aber viel hast du zu leiden, wenn du dich des armen missgestalteten Nussknackers annehmen willst, da ihn der Mausekönig auf allen Wegen und Stegen verfolgt. – Doch nicht ich – du du allein kannst ihn retten, sei standhaft und treu.« Weder Marie noch irgendjemand wusste, was Droßelmeier mit diesen Worten sagen wollte, vielmehr kam es dem Medizinalrat so sonderbar vor, dass er dem Obergerichtsrat an den Puls fühlte und sagte: »Sie haben, wertester Freund, starke Kongestionen nach dem Kopfe, ich will Ihnen etwas aufschreiben.« Nur die Medizinalrätin schüttelte bedächtlich den Kopf, und sprach leise: »Ich ahne wohl, was der Obergerichtsrat meint, doch mit deutlichen Worten sagen kann ich's nicht.«

Der Sieg

Nicht lange dauerte es, als Marie in der mondhellen Nacht durch ein seltsames Poltern geweckt wurde, das aus einer Ecke des Zimmers zu kommen schien. Es war, als würden kleine Steine hin und her geworfen und gerollt, und recht widrig pfiff und quiekte es dazwischen. »Ach die Mäuse, die Mäuse kommen wieder«, rief Marie erschrocken, und wollte die Mutter wecken, aber jeder Laut stockte, ja sie vermochte kein Glied zu regen, als sie sah, wie der Mausekönig sich durch ein Loch der Mauer hervorarbeitete, und endlich mit funkelnden Augen und Kronen im Zimmer herum, dann aber mit einem gewaltigen Satz auf den kleinen Tisch, der dicht neben Mariens Bette stand, heraufsprang. »Hi – hi – hi – musst mir deine Zuckererbsen – deinen Marzipan geben, klein Ding – sonst zerbeiß ich deinen Nussknacker – deinen Nussknacker!« – So pfiff Mausekönig, knapperte und knirschte dabei sehr hässlich mit den Zähnen, und sprang dann schnell wieder fort durch das Mauerloch. Marie war so geängstet von der graulichen Erscheinung, dass sie den andern Morgen ganz blass aussah, und im Innersten aufgeregt, kaum ein Wort zu reden vermochte. Hundertmal wollte sie der Mutter oder der Luise, oder wenigstens dem Fritz klagen, was ihr geschehen, aber sie dachte: »Glaubt's mir denn einer, und werd ich nicht obendrein tüchtig ausgelacht?« – Das war ihr denn aber wohl klar, dass sie um den Nussknacker zu retten, Zuckererbsen und Marzipan hergeben müsse. Soviel sie davon besaß, legte sie daher den andern Abend hin vor der Leiste des Schranks. Am Morgen sagte die Medizinalrätin: »Ich weiß nicht, woher die Mäuse mit einem Mal in unser Wohnzimmer kommen, sieh nur, arme Marie! sie haben dir all' dein Zuckerwerk aufgefressen.« Wirklich war es so. Den gefüllten Marzipan hatte der gefräßige Mausekönig nicht nach seinem Geschmack gefunden, aber mit scharfen Zähnen benagt, so dass er weggeworfen werden musste. Marie machte sich gar nichts mehr aus dem Zuckerwerk, sondern war vielmehr im Innersten erfreut, da sie ihren Nussknacker gerettet glaubte. Doch wie ward ihr, als in der folgenden Nacht es dicht an ihren Ohren pfiff und quiekte. Ach der Mausekönig war wieder da, und noch abscheulicher, wie in der vorigen Nacht, funkelten seine Augen, und noch widriger pfiff er zwischen den Zähnen. »Musst mir deine Zucker-, deine Dragantpuppen geben, klein Ding, sonst zerbeiß ich deinen Nussknacker, deinen Nussknacker«, und damit sprang der grauliche Mausekönig wieder fort – Marie war sehr betrübt, sie ging den andern Morgen an den Schrank und sah mit den wehmütigsten Blicken ihre Zucker- und Dragantpüppchen an. Aber ihr Schmerz war auch gerecht, denn nicht glauben magst du's, meine aufmerksame Zuhörerin Marie! was für ganz allerliebste Figürchen aus Zucker oder Dragant geformt die kleine Marie Stahlbaum besaß. Nächst dem, dass ein sehr hübscher Schäfer mit seiner Schäferin eine ganze Herde milchweißer Schäflein weidete, und dabei sein muntres Hündchen herumsprang, so traten auch zwei Briefträger mit Briefen in der Hand einher, und vier sehr hübsche Paare, sauber gekleidete Jünglinge mit überaus herrlich geputzten Mädchen schaukelten sich in einer russischen Schaukel. Hinter einigen Tänzern stand noch der Pachter Feldkümmel mit der Jungfrau von Orleans, aus denen sich Marie nicht viel machte, aber ganz im Winkelchen stand ein rotbäckiges Kindlein, Mariens Liebling, die Tränen stürzten der kleinen Marie aus den Augen. »Ach«, rief sie, sich zu dem Nussknacker wendend, »lieber Herr Droßelmeier, was will ich nicht alles tun, um Sie zu retten; aber es ist doch sehr hart!« –

Nussknacker sah indessen so weinerlich aus, dass Marie, da es überdem ihr war, als sähe sie Mausekönigs sieben Rachen geöffnet, den unglücklichen Jüngling zu verschlingen, alles aufzuopfern beschloss. Alle Zuckerpüppchen setzte sie daher abends, wie zuvor das Zuckerwerk, an die Leiste des Schranks. Sie küsste den Schäfer, die Schäferin, die Lämmerchen, und holte auch zuletzt ihren Liebling, das kleine rotbäckige Kindlein von Dragant aus dem Winkel, welches sie jedoch ganz hinterwärts stellte. Pachter Feldkümmel und die Jungfrau von Orleans mussten in die erste Reihe. »Nein das ist zu arg«, rief die Medizinalrätin am andern Morgen. »Es muss durchaus eine große garstige Maus in dem Glasschrank hausen, denn alle schöne Zuckerpüppchen der armen Marie sind zernagt und zerbissen.« Marie konnte sich zwar der Tränen nicht enthalten, sie lächelte aber doch bald wieder, denn sie dachte: »Was tut's, ist doch Nussknacker gerettet.« Der Medizinalrat sagte am Abend, als die Mutter dem Obergerichtsrat von dem Unfug erzählte, den eine Maus im Glasschrank der Kinder treibe: »Es ist doch aber abscheulich, dass wir die fatale Maus nicht vertilgen können, die im Glasschrank so ihr Wesen treibt und der armen Marie alles Zuckerwerk wegfrisst.« »Ei«, fiel Fritz ganz lustig ein, »der Bäcker unten hat einen ganz vortrefflichen grauen Legationsrat, den will ich heraufholen. Er wird dem Dinge bald ein Ende machen und der Maus den Kopf abbeißen, ist sie auch die Frau Mauserinks selbst, oder ihr Sohn, der Mausekönig.« »Und«, fuhr die Medizinalrätin lachend fort, »auf Stühle und Tische herumspringen, und Gläser und Tassen herabwerfen und tausend andern Schaden anrichten.« »Ach nein doch«, erwiderte Fritz, »Bäckers Legationsrat ist ein geschickter

Mann, ich möchte nur so zierlich auf dem spitzen Dach gehen können, wie er.« »Nur keinen Kater zur Nachtzeit«, bat Luise, die keine Katzen leiden konnte. »Eigentlich«, sprach der Medizinalrat, »eigentlich hat Fritz recht, indessen können wir ja auch eine Falle aufstellen; haben wir denn keine?« – »Die kann uns Pate Droßelmeier am besten machen, der hat sie ja erfunden«, rief Fritz. Alle lachten, und auf die Versicherung der Medizinalrätin, dass keine Falle im Hause sei, verkündete der Obergerichtsrat, dass er mehrere dergleichen besitze, und ließ wirklich zur Stunde eine ganz vortreffliche Mausfalle von Hause herbeiholen. Dem Fritz und der Marie ging nun des Paten Märchen von der harten Nuss ganz lebendig auf. Als die Köchin den Speck röstete, zitterte und bebte Marie, und sprach ganz erfüllt von dem Märchen und den Wunderdingen darin, zur wohlbekannten Dore: »Ach Frau Königin, hüten Sie sich doch nur vor der Frau Mauserinks und ihrer Familie.« Fritz hatte aber seinen Säbel gezogen, und sprach: »Ja die sollten nur kommen, denen wollt' ich eins auswischen.« Es blieb aber alles unter und auf dem Herde ruhig. Als nun der Obergerichtsrat den Speck an ein feines Fädchen band, und leise, leise die Falle an den Glasschrank setzte, da rief Fritz: »Nimm dich in Acht, Pate Uhrmacher, dass dir Mausekönig keinen Possen spielt.« – Ach wie ging es der armen Marie in der folgenden Nacht! Eiskalt tupfte es auf ihrem Arm hin und her, und rau und ekelhaft legte es sich an ihre Wange, und piepte und quiekte ihr ins Ohr. – Der abscheuliche Mauskönig saß auf ihrer Schulter, und blutrot geiferte er aus den sieben geöffneten Rachen, und mit den Zähnen knatternd und knirschend, zischte er der vor Grauen und Schreck erstarrten Marie ins Ohr: »Zisch aus – zisch aus, geh' nicht ins Haus – geh' nicht zum Schmaus – werd' nicht gefangen – zisch aus – gib heraus, gib heraus, deine Bilderbücher all, dein Kleidchen dazu, sonst hast keine Ruh – magst's nur wissen, Nussknackerlein wirst sonst missen, der wird zerbissen – hi hi – pi pi – quiek quiek!« – Nun war Marie voll Jammer und Betrübnis – sie sah ganz blass und verstört aus, als die Mutter am andern Morgen sagte: »Die böse Maus hat sich noch nicht gefangen«, so dass die Mutter in dem Glauben, dass Marie um ihr Zuckerwerk traure, und sich überdem vor der Maus fürchte, hinzufügte: »Aber sei nur ruhig, liebes Kind, die böse Maus wollen wir schon vertreiben. Helfen die Fallen nichts, so soll Fritz seinen grauen Legationsrat herbeibringen.« Kaum befand sich Marie im Wohnzimmer allein, als sie vor den Glasschrank trat, und schluchzend also zum Nussknacker sprach: »Ach mein lieber guter Herr Droßelmeier, was kann ich armes unglückliches Mädchen für Sie tun? – Gäb ich nun auch alle meine Bilderbücher, ja selbst mein schönes neues Kleidchen, das mir der Heilige Christ einbeschert hat, dem abscheulichen Mausekönig zum Zerbeißen her, wird er denn nicht doch noch immer mehr verlangen, so dass ich zuletzt nichts mehr haben werde, und er gar mich selbst statt Ihrer zerbeißen wollen wird? – O ich armes Kind, was soll ich denn nun tun– was soll ich denn nun tun?« – Als die kleine Marie so jammerte und klagte, bemerkte sie, dass dem Nussknacker von jener Nacht her ein großer Blutfleck am Halse sitzen geblieben war. Seit der Zeit, dass Marie wusste, wie ihr Nussknacker eigentlich der junge Droßelmeier, des Obergerichtsrats Neffe, sei, trug sie ihn nicht mehr auf dem Arm, und herzte und küsste ihn nicht mehr, ja sie mochte ihn aus einer gewissen Scheu gar nicht einmal viel anrühren; jetzt nahm sie ihn aber sehr behutsam aus dem Fache, und fing an, den Blutfleck am Halse mit ihrem Schnupftuch abzureiben. Aber wie ward ihr, als sie plötzlich fühlte, dass Nussknackerlein in ihrer Hand erwärmte, und sich zu regen begann. Schnell setzte sie ihn wieder ins Fach, da wackelte das Mündchen hin und her, und mühsam lispelte Nussknackerlein: »Ach, werteste Demoiselle Stahlbaum – vortreffliche Freundin, was verdanke ich Ihnen alles – Nein, kein Bilderbuch, kein Christkleidchen sollen Sie für mich opfern – schaffen Sie nur ein Schwert – ein Schwert, für das Übrige will ich sorgen, mag er –« Hier ging dem Nussknacker die Sprache aus, und seine erst zum Ausdruck der innigsten Wehmut beseelten Augen wurden wieder starr und leblos. Marie empfand gar kein Grauen, vielmehr hüpfte sie vor Freuden, da sie nun ein Mittel wusste, den Nussknacker ohne weitere schmerzhafte Aufopferungen zu retten. Aber wo nun ein Schwert für den Kleinen hernehmen? – Marie beschloss, Fritzen zu Rate zu ziehen, und erzählte ihm abends, als sie, da die Eltern ausgegangen, einsam in der Wohnstube am Glasschrank saßen, alles, was ihr mit dem Nussknacker und dem Mausekönig widerfahren, und worauf es nun ankomme, den Nussknacker zu retten. Über nichts wurde Fritz nachdenklicher, als darüber, dass sich, nach Mariens Bericht, seine Husaren in der Schlacht so schlecht genommen haben sollten. Er frug noch einmal sehr ernst, ob es sich wirklich so verhalte, und nachdem es Marie auf ihr Wort versichert, so ging Fritz schnell nach dem Glasschrank, hielt seinen Husaren eine pathetische Rede, und schnitt dann, zur Strafe ihrer Selbstsucht und Feigheit, einem nach dem andern das Feldzeichen von der Mütze, und untersagte ihnen auch, binnen einem Jahr den Gardehusarenmarsch zu blasen. Nachdem er sein Strafamt vollendet, wandte er sich wieder zu Marien, sprechend: »Was den Säbel betrifft, so kann ich dem Nussknacker helfen, da ich einen alten Obristen von den Kürassiers gestern mit Pension in Ruhestand versetzt habe, der folglich seinen schönen scharfen Säbel nicht mehr braucht.« Besagter Obrister verzehrte die ihm von Fritzen angewiesene Pension in der hintersten Ecke des dritten Faches. Dort wurde er hervorgeholt, ihm der in der Tat schmucke silberne Säbel abgenommen, und dem Nussknacker umgehängt.

Vor bangem Grauen konnte Marie in der folgenden Nacht nicht einschlafen, es war ihr um Mitternacht so, als höre sie im Wohnzimmer ein seltsames Rumoren, Klirren und Rauschen. – Mit einem Mal ging es: »Quiek!« – »Der Mausekönig! der Mausekönig!« rief Marie und sprang voll Entsetzen aus dem Bette. Alles blieb still; aber bald klopfte es leise, leise an die Türe, und ein feines Stimmchen ließ sich vernehmen: »Allerbeste Demoiselle Stahlbaum, machen Sie nur getrost auf – gute fröhliche Botschaft!« Marie erkannte die Stimme des jungen Droßelmeier, warf ihr Röckchen über, und öffnete flugs die Türe. Nussknackerlein stand draußen, das blutige Schwert in der rechten, ein Wachslichtchen in der linken Hand. Sowie er Marien erblickte, ließ er sich auf ein Knie nieder, und sprach also: »Ihr, o Dame! seid es allein, die mich mit Rittermut stählte, und meinem Arme Kraft gab, den Übermütigen zu bekämpfen, der es wagte, Euch zu höhnen. Überwunden liegt der verräterische Mausekönig und wälzt sich in seinem Blute! – Wollet, o Dame! die Zeichen des Sieges aus der Hand Eures Euch bis in den Tod ergebenen Ritters anzunehmen nicht verschmähen!« Damit streifte Nussknackerchen die sieben goldenen Kronen des Mausekönigs, die er auf den linken Arm heraufgestreift hatte, sehr geschickt herunter, und überreichte sie Marien, welche sie voller Freude annahm. Nussknacker stand auf, und fuhr also fort: »Ach meine allerbeste Demoiselle Stahlbaum, was könnte ich in diesem Augenblicke, da ich meinen Feind überwunden, Sie für herrliche Dinge schauen lassen, wenn Sie die Gewogenheit hätten, mir nur ein paar Schrittchen zu folgen! – O tun Sie es – tun Sie es, beste Demoiselle!« –

Das Puppenreich

Ich glaube, keins von euch, ihr Kinder, hätte auch nur einen Augenblick angestanden, dem ehrlichen gutmütigen Nussknacker, der nie Böses im Sinn haben konnte, zu folgen. Marie tat dies umso mehr, da sie wohl wusste, wie sehr sie auf Nussknackers Dankbarkeit Anspruch machen könne, und überzeugt war, dass er Wort halten, und viel Herrliches ihr zeigen werde. Sie sprach daher: »Ich gehe mit Ihnen, Herr Droßelmeier, doch muss es nicht weit sein, und nicht lange dauern, da ich ja noch gar nicht ausgeschlafen habe.« »Ich wähle deshalb«, erwiderte Nussknacker, »den nächsten, wiewohl etwas beschwerlichen Weg.« Er schritt voran, Marie ihm nach, bis er vor dem alten mächtigen Kleiderschrank auf dem Hausflur stehen blieb. Marie wurde zu ihrem Erstaunen gewahr, dass die Türen dieses sonst wohlverschlossenen Schranks offen standen, so dass sie deutlich des Vaters Reisefuchspelz erblickte, der ganz vorne hing. Nussknacker kletterte sehr geschickt an den Leisten und Verzierungen herauf, dass er die große Troddel, die an einer dicken Schnur befestigt, auf dem Rückteile jenes Pelzes hing, erfassen konnte. Sowie Nussknacker diese Troddel stark anzog, ließ sich schnell eine sehr zierliche Treppe von Zedernholz durch den Pelzärmel herab. »Steigen Sie nur gefälligst aufwärts, teuerste Demoiselle«, rief Nussknacker. Marie tat es, aber kaum war sie durch den Ärmel gestiegen, kaum sah sie zum Kragen heraus, als ein blendendes Licht ihr entgegenstrahlte, und sie mit einem Mal auf einer herrlich duftenden Wiese stand, von der Millionen Funken, wie blinkende Edelsteine emporstrahlten. »Wir befinden uns auf der Kandiswiese«, sprach Nussknacker, »wollen aber alsbald jenes Tor passieren.« Nun wurde Marie, indem sie aufblickte, erst das schöne Tor gewahr, welches sich nur wenige Schritte vorwärts auf der Wiese erhob. Es schien ganz von weiß, braun und rosinfarben gesprenkeltem Marmor erbaut zu sein, aber als Marie näher kam, sah sie wohl, dass die ganze Masse aus zusammengebackenen Zuckermandeln und Rosinen bestand, weshalb denn auch, wie Nussknacker versicherte, das Tor, durch welches sie nun durchgingen, das Mandeln- und Rosinentor hieß. Gemeine Leute hießen es sehr unziemlich, die Studentenfutterpforte. Auf einer herausgebauten Galerie dieses Tores, augenscheinlich aus Gerstenzucker, machten sechs in rote Wämserchen gekleidete Äffchen die allerschönste Janitscharenmusik, die man hören konnte, so dass Marie kaum bemerkte, wie sie immer weiter, weiter auf bunten Marmorfliesen, die aber nichts anders waren, als schön gearbeitete Morschellen, fortschritt. Bald umwehten sie die süßesten Gerüche, die aus einem wunderbaren Wäldchen strömten, das sich von beiden Seiten auftat. In dem dunkeln Laube glänzte und funkelte es so hell hervor, dass man deutlich sehen konnte, wie goldene und silberne Früchte an buntgefärbten Stängeln herabhingen, und Stamm und Äste sich mit Bändern und Blumensträußen geschmückt hatten, gleich fröhlichen Brautleuten und lustigen Hochzeitsgästen. Und wenn die Orangendüfte sich wie wallende Zephire rührten, da sauste es in den Zweigen und Blättern, und das Rauschgold knitterte und knatterte, dass es klang wie jubelnde Musik, nach der die funkelnden Lichterchen hüpfen und tanzen müssten. »Ach, wie schön ist es hier«, rief Marie ganz selig und entzückt. »Wir sind im Weihnachtswalde, beste Demoiselle«, sprach Nussknackerlein. »Ach«, fuhr Marie fort, »dürft' ich hier nur etwas verweilen, o es ist ja hier gar zu schön.« Nussknacker klatschte in die kleinen Händchen und sogleich kamen einige kleine Schäfer und Schäferinnen, Jäger und Jägerinnen herbei, die so zart und weiß waren, dass man hätte glauben sollen, sie wären von purem Zucker und die Marie, unerachtet sie im Walde umherspazierten, noch nicht bemerkt hatte. Sie brachten einen allerliebsten ganz goldenen Lehnsessel herbei, legten ein weißes Kissen von Reglisse darauf, und luden Marien sehr höflich ein, sich darauf, niederzulassen. Kaum hatte sie es getan, als Schäfer und Schäferinnen ein sehr artiges Ballett tanzten, wozu die Jäger ganz manierlich bliesen, dann verschwanden sie aber alle in dem Gebüsche. »Verzeihen Sie«, sprach Nussknacker, »verzeihen Sie, werteste Demoiselle Stahlbaum, dass der Tanz so miserabel ausfiel, aber die Leute waren alle von unserm Drahtballett, die können nichts anders machen als immer und ewig dasselbe; und dass die Jäger so schläfrig und flau dazu bliesen, das hat auch seine Ursachen. Der Zuckerkorb hängt zwar über ihrer Nase in den Weihnachtsbäumen, aber etwas hoch! – Doch wollen wir nicht was weniges weiter spazieren?« »Ach es war doch alles recht hübsch und mir hat es sehr wohl gefallen!«, so sprach Marie, indem sie aufstand und dem voranschreitenden Nussknacker folgte. Sie gingen entlang eines süß rauschenden, flüsternden Baches, aus dem nun eben all' die herrlichen Wohlgerüche zu duften schienen, die den ganzen Wald erfüllten. »Es ist der Orangenbach«, sprach Nussknacker auf Befragen, »doch, seinen schönen Duft ausgenommen, gleicht er nicht an Größe und Schönheit dem Limonadenstrom, der sich gleich ihm in den Mandelmilchsee ergießt.« In der Tat vernahm Marie bald ein stärkeres

Plätschern und Rauschen und erblickte den breiten Limonadenstrom, der sich in stolzen isabellfarbenen Wellen zwischen gleich grün glühenden Karfunkeln leuchtendem Gesträuch fortkräuselte. Eine ausnehmend frische, Brust und Herz stärkende Kühlung wogte aus dem herrlichen Wasser. Nicht weit davon schleppte sich mühsam ein dunkelgelbes Wasser fort, das aber ungemein süße Düfte verbreitete und an dessen Ufer allerlei sehr hübsche Kinderchen saßen, welche kleine dicke Fische angelten und sie alsbald verzehrten. Näher gekommen, bemerkte Marie, dass diese Fische aussahen wie Lampertsnüsse. In einiger Entfernung lag ein sehr nettes Dörfchen an diesem Strome, Häuser, Kirche, Pfarrhaus, Scheuern, alles war dunkelbraun, jedoch mit goldenen Dächern geschmückt, auch waren viele Mauern so bunt gemalt, als seien Zitronat und Mandelkerne daraufgeklebt. »Das ist Pfefferkuchheim«, sagte Nussknacker, »welches am Honigstrome liegt, es wohnen ganz hübsche Leute darin, aber sie sind meistens verdrießlich, weil sie sehr an Zahnschmerzen leiden, wir wollen daher nicht erst hineingehen.« In dem Augenblick bemerkte Marie ein Städtchen, das aus lauter bunten durchsichtigen Häusern bestand, und sehr hübsch anzusehen war. Nussknacker ging geradezu darauf los, und nun hörte Marie ein tolles lustiges Getöse und sah wie tausend niedliche kleine Leutchen viele hochbepackte Wagen, die auf dem Markte hielten, untersuchten und abzupacken im Begriff standen. Was sie aber hervorbrachten, war anzusehen wie buntes gefärbtes Papier und wie Schokoladetafeln. »Wir sind in Bonbonshausen«, sagte Nussknacker, »eben ist eine Sendung aus dem Papierlande und vom Schokoladenkönige angekommen. Die armen Bonbonshäuser wurden neulich von der Armee des Mückenadmirals hart bedroht, deshalb überziehen sie ihre Häuser mit den Gaben des Papierlandes und führen Schanzen auf, von den tüchtigen Werkstücken, die ihnen der Schokoladenkönig sandte. Aber beste Demoiselle Stahlbaum, nicht alle kleinen Städte und Dörfer dieses Landes wollen wir besuchen – zur Hauptstadt – zur Hauptstadt!«

Rasch eilte Nussknacker vorwärts, und Marie voller Neugierde ihm nach. Nicht lange dauerte es, so stieg ein herrlicher Rosenduft auf und alles war wie von einem sanften hinhauchenden Rosenschimmer umflossen. Marie bemerkte, dass dies der Widerschein eines rosenrot glänzenden Wassers war, das in kleinen rosasilbernen Weilchen vor ihnen her wie in wunderlieblichen Tönen und Melodien plätscherte und rauschte. Auf diesem anmutigen Gewässer, das sich immer mehr und mehr wie ein großer See ausbreitete, schwammen sehr herrliche silberweiße Schwäne mit goldnen Halsbändern, und sangen miteinander um die Wette die hübschesten Lieder, wozu diamantne Fischlein aus den Rosenfluten auf- und niedertauchten wie im lustigen Tanze. »Ach«, rief Marie ganz begeistert aus, »ach das ist der See, wie ihn Pate Droßelmeier mir einst machen wollte, wirklich, und ich selbst bin das Mädchen, das mit den lieben Schwänchen kosen wird.« Nussknackerlein lächelte so spöttisch, wie es Marie noch niemals an ihm bemerkt hatte, und sprach dann: »So etwas kann denn doch wohl der Onkel niemals zustande bringen; Sie selbst viel eher, liebe Demoiselle Stahlbaum, doch lassen Sie uns darüber nicht grübeln, sondern vielmehr über den Rosensee hinüber nach der Hauptstadt schiffen.«

Die Hauptstadt

Nussknackerlein klatschte abermals in die kleinen Händchen, da fing der Rosensee an stärker zu rauschen, die Wellen plätscherten höher auf, und Marie nahm wahr, wie aus der Ferne ein aus lauter bunten, sonnenhell funkelnden Edelsteinen geformter Muschelwagen, von zwei goldschuppigen Delphinen gezogen, sich nahte. Zwölf kleine allerliebste Zwerge mit Mützchen und Schürzchen, aus glänzenden Kolibrifedern gewebt, sprangen ans Ufer und trugen erst Marien, dann Nussknackern sanft über die Wellen gleitend, in den Wagen, der sich alsbald durch den See fortbewegte. Ei wie war das so schön, als Marie im Muschelwagen, von Rosenduft umhaucht, von Rosenwellen umflossen, dahinfuhr. Die beiden goldschuppigen Delphine erhoben ihre Nüstern und spritzten kristallene Strahlen hoch in die Höhe, und wie die in flimmernden und funkelnden Bogen niederfielen, da war es, als sängen zwei holde feine Silberstimmchen: »Wer schwimmt auf rosigem See? – die Fee! Mücklein! bim bim, Fischlein, sim sim – Schwäne! Schwa schwa, Goldvogel! trarah, Wellenströme, – rührt euch, klinget, singet, wehet, spähet – Feelein, Feelein kommt gezogen; Rosenwogen, wühlet, kühlet, spület – spült hinan – hinan!« –

Aber die zwölf kleinen Zwerge, die hinten auf den Muschelwagen aufgesprungen waren, schienen das Gesinge der Wasserstrahlen ordentlich übelzunehmen, denn sie schüttelten ihre Sonnenschirme so sehr, dass die Dattelblätter, aus denen sie geformt waren, durcheinander knitterten und knatterten, und dabei stampften sie mit den Füßen einen ganz seltsamen Takt, und sangen: »Klapp und klipp und klipp und klapp, auf und ab – Zwergenreigen darf nicht schweigen; rührt euch Fische – rührt euch Schwäne, dröhne Muschelwagen, dröhne, klapp und klipp und klipp und klapp und auf und ab!« – »Zwerge sind gar lustige Leute«, sprach Nussknacker etwas betreten, »aber sie werden mir den ganzen See rebellisch machen.« In der Tat ging auch bald ein sinnverwirrendes Getöse wunderbarer Stimmen los, die in See und Luft zu schwimmen schienen, doch Marie achtete dessen nicht, sondern sah in die duftenden Rosenwellen, aus deren jeder ihr ein holdes anmutiges Mädchenantlitz entgegenlächelte. »Ach«, rief sie freudig, indem sie die kleinen Händchen zusammenschlug, »ach, schauen Sie nur, lieber Herr Droßelmeier! Da unten ist die Prinzessin Pirlipat, die lächelt mich an so wunderhold. – Ach schauen Sie doch nur, lieber Herr Droßelmeier!« – Nussknacker seufzte aber fast kläglich und sagte: »O beste Demoiselle Stahlbaum, das ist nicht die Prinzessin Pirlipat, das sind Sie und immer nur Sie selbst, immer nur Ihr eignes holdes Antlitz, das so lieb aus jeder Rosenwelle lächelt.« Da fuhr Marie schnell mit dem Kopf zurück, schloss die Augen fest zu und schämte sich sehr. In demselben Augenblick wurde sie auch von den zwölf Zwergen aus dem Muschelwagen gehoben und an das Land getragen. Sie befand sich in einem kleinen Gebüsch, das beinahe noch schöner war als der Weihnachtswald, so glänzte und funkelte alles darin, vorzüglich waren aber die seltsamen Früchte zu bewundern, die an allen Bäumen hingen, und nicht allein seltsam gefärbt waren, sondern auch ganz wunderbar dufteten. »Wir sind im Konfitürenhain«, sprach Nussknacker, »aber dort ist die Hauptstadt.« Was erblickte Marie nun! Wie werd' ich es denn anfangen, euch, ihr Kinder die Schönheit und Herrlichkeit der Stadt zu beschreiben, die sich jetzt breit über einen reichen Blumenanger hin vor Mariens Augen auftat. Nicht allein dass Mauern und Türme in den herrlichsten Farben prangten, so war auch wohl, was die Form der Gebäude anlangt, gar nichts Ähnliches auf Erden zu finden. Denn statt der Dächer hatten die Häuser zierlich geflochtene Kronen aufgesetzt, und die Türme sich mit dem zierlichsten buntesten Laubwerk gekränzt, das man nur sehen kann. Als sie durch das Tor, welches so aussah, als sei es von lauter Makronen und überzuckerten Früchten erbaut, gingen, präsentierten silberne Soldaten das Gewehr und ein Männlein in einem brokatnen Schlafrock warf sich dem Nussknacker an den Hals mit den Worten: »Willkommen, bester Prinz, willkommen in Konfektburg!« Marie wunderte sich nicht wenig, als sie merkte, dass der junge Droßelmeier von einem sehr vornehmen Mann als Prinz anerkannt wurde. Nun hörte sie aber so viel feine Stimmchen durcheinandertoben, solch ein Gejuchze und Gelächter, solch ein Spielen und Singen, dass sie an nichts anders denken konnte, sondern nur gleich Nussknackerchen fragte, was denn das zu bedeuten habe? »O beste Demoiselle Stahlbaum«, erwiderte Nussknacker: »das ist nichts Besonderes, Konfektburg ist eine volkreiche lustige Stadt, da geht's alle Tage so her, kommen Sie aber nur gefälligst weiter.« Kaum waren sie einige Schritte gegangen, als sie auf den großen Marktplatz kamen, der den herrlichsten Anblick gewährte. Alle Häuser rings umher waren von durchbrochener Zuckerarbeit, Galerie über Galerie getürmt, in der Mitte stand ein hoher überzuckerter Baumkuchen als Obelisk und um ihn her sprützten vier sehr künstliche Fontänen, Orsade, Limonade und andere herrliche süße Getränke in die Lüfte; und in dem Becken sammelte sich lauter Creme, den man gleich hätte auslöffeln mögen. Aber hübscher als alles das, waren die allerliebsten kleinen Leutchen, die sich zu Tausenden Kopf an Kopf durcheinander drängten und juchzten und lachten und scherzten und sangen, kurz jenes lustige Getöse erhoben, das Marie schon in der Ferne gehört hatte. Da gab es schön gekleidete Herren und Damen, Armenier und Griechen, Juden und Tiroler, Offiziere und Soldaten, und Prediger und Schäfer und Hanswurste, kurz alle nur mögliche Leute, wie sie in der Welt zu finden sind. An der einen Ecke wurde größer der Tumult, das Volk strömte auseinander, denn eben ließ sich der Großmogul auf einem Palankin vorübertragen, begleitet von dreiundneunzig Großen des Reichs und siebenhundert Dienern. Es begab sich aber, dass an der andern Ecke die Fischerzunft, an fünfhundert Köpfe stark, ihren Festzug hielt und übel war es auch, dass der türkische Großherr gerade den Einfall hatte, mit dreitausend Janitscharen über den Markt spazieren zu reiten, wozu noch der große Zug aus dem »Unterbrochenen Opferfeste« kam, der mit klingendem Spiel und dem Gesänge: »Auf danket der mächtigen Sonne«, gerade auf den Baumkuchen zu wallte. Das war ein Drängen und Stoßen und Treiben und Gequieke! –

Bald gab es auch viel Jammergeschrei, denn ein Fischer hatte im Gedränge einem Brahmin den Kopf abgestoßen und der Großmogul wäre beinahe von einem Hanswurst überrannt worden. Toller und toller wurde der Lärm und man fing bereits an sich zu stoßen und zu prügeln, als der Mann im brokatnen Schlafrock, der am Tor den Nussknacker als Prinz begrüßt hatte, auf den Baumkuchen kletterte, und nachdem eine sehr hell klingende Glocke dreimal angezogen worden, dreimal laut rief: »Konditor! Konditor! – Konditor!« – Sogleich legte sich der Tumult, ein jeder suchte sich zu behelfen wie er konnte, und nachdem die verwickelten Züge sich entwickelt hatten, der besudelte Großmogul abgebürstet, und dem Brahmin der Kopf wieder aufgesetzt worden, ging das vorige lustige Getöse aufs Neue los. »Was bedeutet das mit dem Konditor, guter Herr Droßelmeier?« frug Marie. »Ach beste Demoiselle Stahlbaum«, erwiderte Nussknacker, »Konditor wird hier eine unbekannte, aber sehr grauliche Macht genannt, von der man glaubt, dass sie aus dem Menschen machen könne was sie wolle; es ist das Verhängnis, welches über dies kleine lustige Volk regiert, und sie fürchten dieses so sehr, dass durch die bloße Nennung des Namens der größte Tumult gestillt werden kann, wie es eben der Herr Bürgermeister bewiesen hat. Ein jeder denkt dann nicht mehr an Irdisches, an Rippenstöße und Kopfbeulen, sondern geht in sich und spricht: »Was ist der Mensch und was kann aus ihm werden?« –

Eines lauten Rufs der Bewunderung, ja des höchsten Erstaunens konnte sich Marie nicht enthalten, als sie jetzt mit einem Mal vor einem in rosenrotem Schimmer hell leuchtenden Schlosse mit hundert luftigen Türmen stand. Nur hin und wieder waren reiche Buketts von Veilchen, Narzissen, Tulpen, Levkojen auf die Mauern gestreut, deren dunkelbrennende Farben nur die blendende, ins Rosa spielende Weiße des Grundes erhöhten. Die große Kuppel des Mittelgebäudes, sowie die pyramidenförmigen Dächer der Türme waren mit tausend golden und silbern funkelnden Sternlein besäet. »Nun sind wir vor dem Marzipanschloss«, sprach Nussknacker. Marie war ganz verloren in dem Anblick des Zauberpalastes, doch entging es ihr nicht, dass das Dach eines großen Turmes gänzlich fehlte, welches kleine Männerchen, die auf einem von Zimtstangen erbauten Gerüste standen, wiederherstellen zu wollen schienen. Noch ehe sie den Nussknacker darum befragte, fuhr dieser fort: »Vor kurzer Zeit drohte diesem schönen Schloss arge Verwüstung, wo nicht gänzlicher Untergang. Der Riese Leckermaul kam des Weges gegangen, biss schnell das Dach jenes Turmes herunter und nagte schon an der großen Kuppel, die Konfektbürger brachten ihm aber ein ganzes Stadtviertel, sowie einen ansehnlichen Teil des Konfitürenhains als Tribut, womit er sich abspeisen ließ und weiterging.« In dem Augenblick ließ sich eine sehr angenehme sanfte Musik hören, die Tore des Schlosses öffneten sich und es traten zwölf kleine Pagen heraus mit angezündeten Gewürznelkstängeln, die sie wie Fackeln in den kleinen Händchen trugen.

Ihre Köpfe bestanden aus einer Perle, die Leiber aus Rubinen und Smaragden und dazu gingen sie auf sehr schön aus purem Gold gearbeiteten Füßchen einher. Ihnen folgten vier Damen, beinahe so groß als Mariens Clärchen, aber so über die Maßen herrlich und glänzend geputzt, dass Marie nicht einen Augenblick in ihnen die gebornen Prinzessinnen verkannte. Sie umarmten den Nussknacker auf das zärtlichste und riefen dabei wehmütig freudig: »O mein Prinz! – mein bester Prinz! – o mein Bruder!« Nussknacker schien sehr gerührt, er wischte sich die sehr häufigen Tränen aus den Augen, ergriff dann Marien bei der Hand und sprach pathetisch: »Dies ist die Demoiselle Marie Stahlbaum, die Tochter eines sehr achtungswerten Medizinalrates, und die Retterin meines Lebens! Warf sie nicht den Pantoffel zur rechten Zeit, verschaffte sie mir nicht den Säbel des pensionierten Obristen, so läg ich, zerbissen von dem fluchwürdigen Mausekönig, im Grabe. – Oh! dieser Demoiselle Stahlbaum! gleicht ihr wohl Pirlipat, obschon sie eine geborne Prinzessin ist, an Schönheit, Güte und Tugend? – Nein, sag ich, nein!« Alle Damen riefen: »Nein!« und fielen der Marie um den Hals und riefen schluchzend: »O Sie edle Retterin des geliebten prinzlichen Bruders – vortreffliche Demoiselle Stahlbaum!« – Nun geleiteten die Damen Marien und den Nussknacker in das Innere des Schlosses, und zwar in einen Saal, dessen Wände aus lauter farbig funkelnden Kristallen bestanden. Was aber vor allem Übrigen der Marie so wohl gefiel, waren die allerliebsten kleinen Stühle, Tische, Kommoden, Sekretärs usw. die ringsherum standen, und die alle von Zedern- oder Brasilienholz mit daraufgestreuten goldnen Blumen verfertigt waren.

Die Prinzessinnen nötigten Marien und den Nussknacker zum Sitzen, und sagten, dass sie sogleich selbst ein Mahl bereiten wollten. Nun holten sie eine Menge kleiner Töpfchen und Schüsselchen von dem feinsten japanischen Porzellan, Löffel, Messer und Gabeln, Reibeisen, Kasserollen und andere Küchenbedürfnisse von Gold und Silber herbei. Dann brachten sie die schönsten Früchte und Zuckerwerk, wie es Marie noch niemals gesehen hatte, und fingen an, auf das zierlichste mit den kleinen schneeweißen Händchen die Früchte auszupressen, das Gewürz zu stoßen, die Zuckermandeln zu reiben, kurz so zu wirtschaften, dass Marie wohl einsehen konnte, wie gut sich die Prinzessinnen auf das Küchenwesen verstanden, und was das für ein köstliches Mahl geben würde. Im lebhaften Gefühl, sich auf dergleichen Dinge ebenfalls recht gut zu verstehen, wünschte sie heimlich, bei dem Geschäft der Prinzessinnen selbst tätig sein zu können. Die schönste von Nussknackers Schwestern, als ob sie Mariens geheimen Wunsch erraten hätte, reichte ihr einen kleinen goldnen

Mörser mit den Worten hin: »O süße Freundin, teure Retterin meines Bruders, stoße eine Wenigkeit von diesem Zuckerkandel!« Als Marie nun so wohlgemut in den Mörser stieß, dass er gar anmutig und lieblich wie ein hübsches Liedlein ertönte, fing Nussknacker an sehr weitläuftig zu erzählen, wie es bei der grausenvollen Schlacht zwischen seinem und des Mausekönigs Heer ergangen, wie er der Feigheit seiner Truppen halber geschlagen worden, wie dann der abscheuliche Mausekönig ihn durchaus zerbeißen wollen, und Marie deshalb mehrere seiner Untertanen, die in ihre Dienste gegangen, aufopfern müssen usw. Marien war es bei dieser Erzählung, als klängen seine Worte, ja selbst ihre Mörserstöße, immer ferner und unvernehmlicher, bald sah sie silberne Flore wie dünne Nebelwolken aufsteigen, in denen die Prinzessinnen – die Pagen, der Nussknacker, ja sie selbst schwammen – ein seltsames Singen und Schwirren und Summen ließ sich vernehmen, das wie in die Weite hin verrauschte; nun hob sich Marie wie aufsteigenden Wellen immer höher und höher – höher und höher – höher und höher –

Beschluss

Prr – Puff ging es! – Marie fiel herab aus unermesslicher Höhe. – *Das* war ein Ruck! – Aber gleich schlug sie auch die Augen auf, da lag sie in ihrem Bettchen, es war heller Tag, und die Mutter stand vor ihr, sprechend: »Aber wie kann man auch so lange schlafen, längst ist das Frühstück da!« Du merkst es wohl, versammeltes, höchst geehrtes Publikum, dass Marie ganz betäubt von all den Wunderdingen, die sie gesehen, endlich im Saal des Marzipanschlosses eingeschlafen war, und dass die Zwerge, oder die Pagen oder gar die Prinzessinnen selbst, sie zu Hause getragen und ins Bett gelegt hatten. »O Mutter, liebe Mutter, wo hat mich der junge Herr Droßelmeier diese Nacht überall hingeführt, was habe ich alles Schönes gesehen!« Nun erzählte sie alles beinahe so genau, wie ich es soeben erzählt habe, und die Mutter sah sie ganz verwundert an. Als Marie geendet, sagte die Mutter: »Du hast einen langen sehr schönen Traum gehabt, liebe Marie, aber schlag dir das alles nur aus dem Sinn.« Marie bestand hartnäckig darauf, dass sie nicht geträumt, sondern alles wirklich gesehen habe, da führte die Mutter sie an den Glasschrank, nahm den Nussknacker, der, wie gewöhnlich, im dritten Fache stand, heraus und sprach: »Wie kannst du, du albernes Mädchen nur glauben, dass diese Nürnberger Holzpuppe Leben und Bewegung haben kann.« »Aber, liebe Mutter«, fiel Marie ein, »ich weiß es ja wohl, dass der kleine Nussknacker der junge Herr Droßelmeier aus Nürnberg, Pate Droßelmeiers Neffe ist.« Da brachen beide der Medizinalrat und die Medizinalrätin in ein schallendes Gelächter aus. »Ach«, fuhr Marie beinahe weinend fort, »nun lachst du gar meinen Nussknacker aus, lieber Vater! und er hat doch von dir sehr gut gesprochen, denn als wir im Marzipanschloss ankamen, und er mich seinen Schwestern, den Prinzessinnen, vorstellte, sagte er, du seist ein sehr achtungswerter Medizinalrat!« – Noch stärker wurde das Gelächter, in das auch Luise, ja sogar Fritz einstimmte.

Da lief Marie ins andere Zimmer, holte schnell aus ihrem kleinen Kästchen die sieben Kronen des Mausekönigs herbei, und überreichte sie der Mutter mit den Worten: »Da sieh nur, liebe Mutter, das sind die sieben Kronen des Mausekönigs, die mir in voriger Nacht der junge Herr Droßelmeier zum Zeichen seines Sieges überreichte.« Voll Erstaunen betrachtete die Medizinalrätin die kleinen Krönchen, die von einem ganz unbekannten, aber sehr funkelnden Metall so sauber gearbeitet waren, als hätten Menschenhände das unmöglich vollbringen können. Auch der Medizinalrat konnte sich nicht sattsehen an den Krönchen, und beide, Vater und Mutter, drangen sehr ernst in Marien, zu gestehen, wo sie die Krönchen herhabe? Sie konnte ja aber nur bei dem, was sie gesagt, stehen bleiben, und als sie nun der Vater hart anließ, und sie sogar eine kleine Lügnerin schalt, da fing sie an heftig zu weinen, und klagte: »Ach ich armes Kind, ich armes Kind! was soll ich denn nun sagen!« In dem Augenblick ging die Tür auf. Der Obergerichtsrat trat hinein, und rief: »Was ist da – was ist da? mein Patchen Marie weint und schluchzt? – Was ist da – was ist da?« Der Medizinalrat unterrichtete ihn von allem, was geschehen, indem er ihm die Krönchen zeigte. Kaum hatte der Obergerichtsrat aber diese angesehen, als er lachte, und rief: »Toller Schnack, toller Schnack, das sind ja die Krönchen, die ich vor Jahren an meiner Uhrkette trug, und die ich der kleinen Marie an ihrem Geburtstage, als sie zwei Jahre alt worden, schenkte. Wisst ihr's denn nicht mehr?« Weder der Medizinalrat noch die Medizinalrätin konnten sich dessen erinnern, als aber Marie wahrnahm, dass die Gesichter der Eltern wieder freundlich geworden, da sprang sie los auf Pate Droßelmeier und rief: »Ach, du weißt ja alles, Pate Droßelmeier, sag es doch nur selbst, dass mein Nussknacker dein Neffe, der junge Herr Droßelmeier aus Nürnberg ist, und dass er mir die Krönchen geschenkt hat!« –

Der Obergerichtsrat machte aber ein sehr finsteres Gesicht und murmelte: »Dummer einfältiger Schnack.« Darauf nahm der Medizinalrat die kleine Marie vor sich und sprach sehr ernsthaft: »Hör mal, Marie, lass nun einmal die Einbildungen und Possen, und wenn du noch einmal sprichst, dass der einfältige missgestaltete Nussknacker der Neffe des Herrn Obergerichtsrats sei, so werf ich nicht allein den Nussknacker, sondern auch alle deine übrigen Puppen, Mamsell Clärchen nicht ausgenommen, durchs Fenster.« – Nun durfte freilich die arme Marie gar nicht mehr davon sprechen, wovon denn doch ihr ganzes Gemüt erfüllt war, denn ihr möget es euch wohl denken, dass man solch Herrliches und Schönes, wie es Marien widerfahren, gar nicht vergessen kann. Selbst – sehr geehrter Leser oder Zuhörer Fritz – selbst dein Kamerad Fritz Stahlbaum drehte der Schwester sogleich den Rücken, wenn sie ihm von dem Wunderreiche, in dem sie so glücklich war, erzählen wollte. Er soll sogar manchmal zwischen den Zähnen gemurmelt haben: »Einfältige Gans!«, doch das kann ich seiner sonst erprobten guten Gemütsart halber nicht glauben, so viel ist aber gewiss, dass, da er nun an nichts mehr, was ihm Marie erzählte, glaubte, er seinen Husaren bei öffentlicher Parade das ihnen geschehene Unrecht förmlich abbat, ihnen statt der verlornen Feldzeichen viel höhere, schönere Büsche von Gänsekielen anheftete, und ihnen auch wieder erlaubte, den Gardehusarenmarsch zu blasen. Nun! – wir wissen am besten, wie es mit dem Mut der Husaren aussah, als sie von den hässlichen Kugeln Flecke auf die roten Wämser kriegten! –

Sprechen durfte nun Marie nicht mehr von ihrem Abenteuer, aber die Bilder jenes wunderbaren Feenreichs umgaukelten sie in süßwogendem Rauschen und in holden lieblichen Klängen; sie sah alles noch einmal, sowie sie nur ihren Sinn fest darauf richtete, und so kam es, dass sie, statt zu spielen, wie sonst, starr und still, tief in sich gekehrt, dasitzen konnte, weshalb sie von allen eine kleine Träumerin gescholten wurde. Es begab sich, dass der Obergerichtsrat einmal eine Uhr in dem Hause des Medizinalrats reparierte, Marie saß am Glasschrank und schaute, in ihre Träume vertieft, den Nussknacker an, da fuhr es ihr wie unwillkürlich heraus: »Ach, lieber Herr Droßelmeier, wenn Sie doch nur wirklich lebten, ich würd's nicht so machen, wie Prinzessin Pirlipat, und Sie verschmähen, weil Sie, um meinetwillen, aufgehört haben, ein hübscher junger Mann zu sein!« In dem Augenblick schrie der Obergerichtsrat: »Hei, hei – toller Schnack.« – Aber in dem Augenblick geschah auch ein solcher Knall und Ruck, dass Marie ohnmächtig vom Stuhle sank. Als sie wieder erwachte, war die Mutter um sie beschäftigt, und sprach: »Aber wie kannst du nur vom Stuhle fallen, ein so großes Mädchen! – Hier ist der Neffe des Herrn Obergerichtsrats aus Nürnberg angekommen – sei hübsch artig!« – Sie blickte auf, der Obergerichtsrat hatte wieder seine Glasperücke aufgesetzt, seinen gelben Rock angezogen, und lächelte sehr zufrieden, aber an seiner Hand hielt er einen zwar kleinen, aber sehr wohl gewachsenen jungen Mann.

Wie Milch und Blut war sein Gesichtchen, er trug einen herrlichen roten Rock mit Gold, weißseidene Strümpfe und Schuhe, hatte im Jabot ein allerliebstes Blumenbukett, war sehr zierlich frisiert und gepudert, und hinten über den Rücken hing ihm ein ganz vortrefflicher Zopf herab. Der kleine Degen an seiner Seite schien von lauter Juwelen, so blitzte er, und das Hütlein unterm Arm von Seidenflocken gewebt. Welche angenehme Sitten der junge Mann besaß, bewies er gleich dadurch, dass er Marien eine Menge herrlicher Spielsachen, vorzüglich aber den schönsten Marzipan und dieselben Figuren, welche der Mausekönig zerbissen, dem Fritz aber einen wunderschönen Säbel mitgebracht hatte. Bei Tische knackte der Artige für die ganze Gesellschaft Nüsse auf, die härtesten widerstanden ihm nicht, mit der rechten Hand steckte er sie in den Mund, mit der linken zog er den Zopf an – Krak – zerfiel die Nuss in Stücke! – Marie war glutrot geworden, als sie den jungen artigen Mann erblickte, und noch röter wurde sie, als nach Tische der junge Droßelmeier sie einlud, mit ihm in das Wohnzimmer an den Glasschrank zu gehen. »Spielt nur hübsch miteinander, ihr Kinder, ich habe nun, da alle meine Uhren richtig gehen, nichts dagegen«, rief der Obergerichtsrat. Kaum war aber der junge Droßelmeier mit Marien allein, als er sich auf ein Knie niederließ, und also sprach: »O meine allervortrefflichste Demoiselle Stahlbaum, sehn Sie hier zu Ihren Füßen den beglückten Droßelmeier, dem Sie an dieser Stelle das Leben retteten! – Sie sprachen es gütigst aus, dass Sie mich nicht wie die garstige Prinzessin Pirlipat verschmähen wollten, wenn ich Ihretwillen hässlich geworden! – Sogleich hörte ich auf ein schnöder Nussknacker zu sein, und erhielt meine vorige nicht unangenehme Gestalt wieder. O vortreffliche Demoiselle, beglücken Sie mich mit Ihrer werten Hand, teilen Sie mit mir Reich und Krone, herrschen Sie mit mir auf Marzipanschloss, denn dort bin ich jetzt König!« – Marie hob den Jüngling auf, und sprach leise: »Lieber Herr Droßelmeier! Sie sind ein sanftmütiger guter Mensch, und da Sie dazu noch ein anmutiges Land mit sehr hübschen lustigen Leuten regieren, so nehme ich Sie zum Bräutigam an!« – Hierauf wurde Marie sogleich Droßelmeiers Braut. Nach Jahresfrist hat er sie, wie man sagt, auf einem goldnen von silbernen Pferden gezogenen Wagen abgeholt. Auf der Hochzeit tanzten zweiundzwanzigtausend der glänzendsten mit Perlen und Diamanten geschmückten Figuren, und Marie soll noch zur Stunde Königin eines Landes sein, in dem man überall funkelnde Weihnachtswälder, durchsichtige Marzipanschlösser, kurz, die allerherrlichsten wunderbarsten Dinge erblicken kann, wenn man nur darnach Augen hat.

Das war das Märchen vom Nussknacker und Mausekönig.

ine arme Witwe lebte einsam in einem Hüttchen, und vor dem Hüttchen war ein Garten, darin standen zwei Rosenbäumchen, davon trug das eine weiße, das andere rote Rosen. Und sie hatte zwei Kinder, die glichen den beiden Rosenbäumchen, und das eine hieß Schneeweißchen, das andere Rosenrot. Sie waren aber so fromm und gut, so arbeitsam und unverdrossen, als je zwei Kinder auf der Welt gewesen sind. Schneeweißchen war nur stiller und sanfter als Rosenrot. Rosenrot sprang lieber in den Wiesen und Feldern umher, suchte Blumen und fing Sommervögel. Schneeweißchen aber saß daheim bei der Mutter, half ihr im Hauswesen oder las ihr vor, wenn nichts zu tun war. Die beiden Kinder hatten einander so lieb, dass sie sich immer an den Händen fassten, sooft sie zusammen ausgingen. Und wenn Schneeweißchen sagte: »Wir wollen uns nicht verlassen«, so antwortete Rosenrot: »Solange wir leben, nicht.« Und die Mutter setzte hinzu: »Was das eine hat, soll's mit dem andern teilen.«

Oft liefen sie im Walde allein umher und sammelten rote Beeren, aber kein Tier tat ihnen etwas zuleid, sondern sie kamen vertraulich herbei.

Das Häschen fraß ein Kohlblatt aus ihren Händen, das Reh graste an ihrer Seite, der Hirsch sprang ganz lustig vorbei, und die Vögel blieben auf den Ästen sitzen und sangen. Kein Unfall traf sie; wenn sie sich im Walde verspätet hatten und die Nacht sie überfiel, so legten sie sich nebeneinander auf das Moos und schliefen, bis der Morgen kam, und die Mutter wusste das und hatte ihretwegen keine Sorge. Einmal, als sie im Walde übernachtet hatten und das Morgenrot sie aufweckte, da sahen sie ein schönes Kind in einem weißen, glänzenden Kleidchen neben ihrem Lager sitzen. Es stand auf und blickte sie freundlich an, sprach aber nichts und ging in den Wald hinein. Und als sie sich umsahen, so hatten sie ganz nahe bei einem Abgrunde geschlafen und wären gewiss hineingefallen, wenn sie in der Dunkelheit noch ein paar Schritte weitergegangen wären. Die Mutter aber sagte ihnen, das müsste der Engel gewesen sein, der gute Kinder bewache.

Schneeweißchen und Rosenrot hielten das Hüttchen der Mutter so reinlich, dass es eine Freude war. Im Sommer besorgte Rosenrot das Haus und stellte der Mutter jeden Morgen, ehe sie aufwachte, einen Blumenstrauß vors Bett, darin war von jedem Bäumchen eine Rose. Im Winter zündete Schneeweißchen das Feuer an und hing den Kessel an den Feuerhaken, und der Kessel war von Messing, glänzte aber wie Gold, so rein war er gescheuert. Abends, wenn die Flocken fielen, sagte die Mutter: »Geh, Schneeweißchen, und schieb den Riegel vor«, und dann setzten sie sich an den Herd, und die Mutter nahm die Brille und las aus einem großen Buche vor, und die beiden Mädchen hörten zu und spannen; neben ihnen lag ein Lämmchen auf dem Boden, und hinter ihnen auf einer Stange saß ein weißes Täubchen und hatte seinen Kopf unter die Flügel gesteckt.

Eines Abends, als sie so vertraulich beisammensaßen, klopfte jemand an die Tür, als wollte er eingelassen sein. Die Mutter sprach: »Geschwind, Rosenrot, mach auf, es wird ein Wanderer sein, der Obdach sucht.« Rosenrot ging und schob den Riegel weg und dachte, es wäre ein armer Mann, aber der war es nicht, es war ein Bär, der seinen dicken, schwarzen Kopf zur Tür hereinsteckte. Rosenrot schrie laut und sprang zurück; das Lämmchen blökte, das Täubchen flatterte auf, und Schneeweißchen versteckte sich hinter der Mutter Bett. Der Bär aber fing an zu sprechen und sagte: »Fürchtet euch nicht, ich tue euch nichts zuleid, ich bin halb erfroren und will mich nur ein wenig bei euch wärmen.« – »Du armer Bär«, sprach die Mutter, »leg dich ans Feuer und

gib nur acht, dass dir dein Pelz nicht brennt.« Dann rief sie: »Schneeweißchen, Rosenrot, kommt hervor, der Bär tut euch nichts, er meint's ehrlich.« Da kamen sie beide heran, und nach und nach näherten sich auch das Lämmchen und Täubchen und hatten keine Furcht. Der Bär sprach: »Ihr Kinder, klopft mir den Schnee ein wenig aus dem Pelzwerk«, und sie holten den Besen und kehrten dem Bär das Fell rein; er aber streckte sich ans Feuer und brummte ganz vergnügt und behaglich. Nicht lange, so wurden sie ganz vertraut und trieben Mutwillen mit dem unbeholfenen Gast. Sie zausten ihm das Fell mit den Händen, setzten ihre Füßchen auf seinen Rücken und walgerten ihn hin und her, oder sie nahmen eine Haselrute und schlugen auf ihn los, und wenn er brummte, so lachten sie. Der Bär ließ sich's gerne gefallen, nur wenn sie's zu arg machten, rief er: »Lasst mich am Leben, ihr Kinder:

Schneeweißchen, Rosenrot,
schlägst dir den Freier tot.«

Als Schlafenszeit war und die andern zu Bett gingen, sagte die Mutter zu dem Bär: »Du kannst da am Herd liegen bleiben, so bist du vor der Kälte und dem bösen Wetter geschützt.« Sobald der Tag graute, ließen ihn die Kinder hinaus, und er trabte durch den Schnee in den Wald hinein. Von nun an kam der Bär jeden Abend zu der bestimmten Stunde, legte sich an den Herd und erlaubte den Kindern, Kurzweil mit ihm zu treiben, so viel sie wollten; und sie waren so gewöhnt an ihn, dass die Tür nicht eher zugeriegelt ward, bis der schwarze Gesell angelangt war.

Als das Frühjahr herangekommen und draußen alles grün war, sagte der Bär eines Morgens zu Schneeweißchen: »Nun muss ich fort und darf den ganzen Sommer nicht wiederkommen.« – »Wo gehst du denn hin, lieber Bär?«, fragte Schneeweißchen. »Ich muss in den Wald und meine Schätze vor den bösen Zwergen hüten. Im Winter, wenn die Erde hart gefroren ist, müssen sie wohl unten bleiben und können sich nicht durcharbeiten, aber jetzt, wenn die Sonne die Erde aufgetaut hat, da steigen sie herauf, suchen und stehlen; was einmal in ihren Händen ist und in ihren Höhlen liegt, das kommt so leicht nicht wieder an des Tages Licht.« Schneeweißchen war ganz traurig über den Abschied, und als es ihm die Tür aufriegelte und der Bär sich hinausdrängte, blieb er an dem Türhaken hängen, und ein Stück seiner Haut riss auf, und da war es Schneeweißchen, als hätte es Gold durchschimmern sehen, aber es war seiner Sache nicht gewiss. Der Bär lief eilig fort und war bald verschwunden.

Nach einiger Zeit schickte die Mutter die Kinder in den Wald, Reisig zu sammeln. Da fanden sie draußen einen großen Baum, der lag gefällt auf dem Boden, und an dem Stamme sprang zwischen dem Gras etwas auf und ab, sie konnten aber nicht unterscheiden, was es war. Als sie näher kamen, sahen sie einen Zwerg mit einem alten, verwelkten Gesicht und einem ellenlangen, schneeweißen Bart. Das Ende des Bartes war in eine Spalte des Baumes eingeklemmt, und der Kleine sprang hin und her wie ein Hündchen an einem Seil und wusste nicht, wie er sich helfen sollte. Er glotzte die Mädchen mit seinen roten, feurigen Augen an und schrie: »Was steht ihr da! Könnt ihr nicht herbeigehen und mir Beistand leisten?« – »Was hast du angefangen, kleines Männchen?«, fragte Rosenrot. »Dumme, neugierige Gans«, antwortete der Zwerg, »den Baum habe ich mir spalten wollen, um kleines Holz in der Küche zu haben; bei den dicken Klötzen verbrennt gleich das bisschen Speise, das unsereiner braucht, der nicht so viel hinunterschlingt wie ihr grobes, gieriges Volk. Ich hatte den Keil schon glücklich hineingetrieben, und es wäre alles nach Wunsch gegangen, aber das verwünschte Holz war zu glatt und sprang unversehens heraus, und der Baum fuhr so geschwind zusammen, dass ich meinen schönen, weißen Bart nicht mehr herausziehen konnte; nun steckt er drin, und ich kann nicht fort. Da lachen die albernen, glatten Milchgesichter! Pfui, was seid ihr garstig!« Die Kinder gaben sich alle Mühe, aber sie konnten den Bart nicht herausziehen, er steckte zu fest. »Ich will laufen und Leute herbeiholen«, sagte Rosenrot. »Wahnsinnige Schafsköpfe«, schnarrte der Zwerg, »wer wird gleich Leute herbeirufen, ihr seid mir schon um zwei zu viel; fällt euch nichts Besseres ein?«

»Sei nur nicht ungeduldig«, sagte Schneeweißchen, »ich will schon Rat schaffen«, holte sein Scherchen aus der Tasche und schnitt das Ende des Bartes ab.

Sobald der Zwerg sich frei fühlte, griff er nach einem Sack, der zwischen den Wurzeln des Baumes steckte und mit Gold gefüllt war, hob ihn heraus und brummte vor sich hin: »Ungehobeltes Volk, schneidet mir ein Stück von meinem stolzen Barte ab! Lohn's euch der Kuckuck!« Damit schwang er seinen Sack auf den Rücken und ging fort, ohne die Kinder nur noch einmal anzusehen. Einige Zeit danach wollten Schneeweißchen und Rosenrot ein Gericht Fische angeln. Als sie nahe bei dem Bach waren, sahen sie, dass etwas wie eine große Heuschrecke nach dem Wasser zu hüpfte, als wollte es hineinspringen. Sie liefen heran und erkannten den Zwerg. »Wo willst du hin?«, sagte Rosenrot, »du willst doch nicht ins Wasser?« »Solch ein Narr bin ich nicht«, schrie der Zwerg, »seht ihr nicht? Der verwünschte Fisch will mich hineinziehen!« Der Kleine hatte dagesessen und geangelt, und unglücklicherweise hatte der Wind seinen Bart mit der Angelschnur verflochten. Als gleich darauf ein großer Fisch anbiss, fehlten dem schwachen Geschöpf die Kräfte, ihn herauszuziehen, der Fisch behielt die Oberhand und riss den Zwerg zu sich hin. Zwar hielt er sich an allen Halmen und Binsen, aber das half nicht viel, und er war in beständiger Gefahr, ins Wasser gezogen zu werden. Die Mädchen kamen zu rechter Zeit, hielten ihn fest und versuchten, den Bart von der Schnur loszumachen, aber vergebens. Bart und Schnur waren fest ineinander verwirrt. Es blieb nichts übrig, als das Scherchen hervorzuholen und den Bart abzuschneiden, wobei ein kleiner Teil desselben verloren ging. Als der Zwerg das sah, schrie er sie an: »Ist das Manier, ihr Lorche, einem das Gesicht zu schänden? Nicht genug, dass ihr mir den Bart unten abgestutzt habt, jetzt schneidet ihr mir den besten Teil davon ab, ich darf mich vor den Meinigen gar nicht sehen lassen. Dass ihr laufen müsstet und die Schuhsohlen verloren hättet!« Dann holte er einen Sack Perlen, der im Schilfe lag, und ohne noch etwas zu sagen, verschwand er damit hinter einem Stein.

Es trug sich zu, dass bald hernach die Mutter die beiden Mädchen nach der Stadt schickte, Zwirn, Nadeln, Schnüre und Bänder einzukaufen. Der Weg führte sie über eine Heide, auf der hier und da mächtige Felsenstücke zerstreut lagen. Da sahen sie einen großen Vogel in der Luft schweben, der langsam über ihnen kreiste, sich immer tiefer herabsenkte und endlich nicht weit bei einem Felsen niederstieß. Gleich darauf hörten sie einen durchdringenden, jämmerlichen Schrei. Sie liefen herzu und sahen mit Schrecken, dass der Adler ihren alten Bekannten, den Zwerg, gepackt hatte und ihn forttragen wollte. Die mitleidigen Kinder hielten das Männchen fest und zerrten sich so lange mit dem Adler herum, bis er seine Beute fahren ließ. Als der Zwerg sich von dem

Schrecken erholt hatte, schrie er mit seiner kreischenden Stimme: »Konntet ihr nicht säuberlicher mit mir umgehen? Gerissen habt ihr an meinem dünnen Röckchen, dass es überall zerfetzt und durchlöchert ist, unbeholfenes und täppisches Gesindel, das ihr seid!« Dann nahm er einen Sack mit Edelsteinen und schlüpfte wieder in seine Höhle. Die Mädchen waren an seinen Undank schon gewöhnt, setzten ihren Weg fort und verrichteten ihr Geschäft in der Stadt. Als sie beim Heimweg wieder auf die Heide kamen, überraschten sie den Zwerg, der auf einem reinlichen Plätzchen seinen Sack mit Edelsteinen ausgeschüttet und nicht gedacht hatte, dass so spät noch jemand daherkommen würde. Die Abendsonne schien über die glänzenden Steine, sie schimmerten und leuchteten so prächtig in allen Farben, dass die Kinder stehen blieben und sie betrachteten. »Was steht ihr da und habt Maulaffen feil?«, schrie der Zwerg, und sein aschgraues Gesicht ward zinnoberrot vor Zorn. Er wollte mit seinen Scheltworten fortfahren, als sich ein lautes Brummen hören ließ und ein schwarzer Bär aus dem Walde herbeitrabte. Erschrocken sprang der Zwerg auf, aber er konnte nicht mehr zu seinem Schlupfwinkel gelangen, der Bär war schon in seiner Nähe. Da rief er in Herzensangst: »Lieber Herr Bär, verschont mich, ich will Euch alle meine Schätze geben, sehet, die schönen Edelsteine, die da liegen. Schenkt mir das Leben, was habt Ihr an mir kleinem, schmächtigem Kerl? Ihr spürt mich nicht zwischen den Zähnen; da, die beiden gottlosen Mädchen packt, das sind für Euch zarte Bissen, die fresst in Gottes Namen.« Der Bär kümmerte sich um seine Worte nicht, gab dem boshaften Geschöpf einen Schlag mit der Tatze, und es regte sich nicht mehr.

Die Mädchen waren fortgesprungen, aber der Bär rief ihnen nach: »Schneeweißchen und Rosenrot, fürchtet euch nicht, wartet, ich will mit euch gehen.« Da erkannten sie seine Stimme und blieben stehen, und als der Bär bei ihnen war, fiel plötzlich die Bärenhaut ab, und er stand da als ein schöner Mann, ganz in Gold gekleidet. »Ich bin eines Königs Sohn«, sprach er, »und war von dem gottlosen Zwerg, der mir meine Schätze gestohlen hatte, verwünscht, als ein wilder Bär in dem Walde zu laufen, bis ich durch seinen Tod erlöst würde. Jetzt hat er seine wohlverdiente Strafe empfangen.«

Schneeweißchen ward mit ihm vermählt und Rosenrot mit seinem Bruder, und sie teilten die großen Schätze miteinander, die der Zwerg in seiner Höhle zusammengetragen hatte. Die alte Mutter lebte noch lange Jahre glücklich bei ihren Kindern. Die zwei Rosenbäumchen aber nahm sie mit, und sie standen vor ihrem Fenster und trugen jedes Jahr die schönsten Rosen, weiß und rot.

Es war einmal ein alter Mann und eine alte Frau, die hatten drei Töchter. Die Frau konnte die älteste nicht leiden, denn sie war ihre Stieftochter. Sie zankte mit ihr, weckte sie früh und lastete ihr alle Arbeit auf. Das Mädchen musste das Vieh tränken und füttern, Holz und Wasser tragen, den Ofen heizen und Kleider nähen. Sie musste die Hütte stets vor Tagesanbruch fegen und in Ordnung bringen. Die Alte war aber trotzdem immer unzufrieden und brummte: »Wie faul und unordentlich, der Besen steht nicht an seinem Platz, dies fehlt und jenes und die Hütte ist schmutzig.«

Das Mädchen weinte und schwieg dazu, sie versuchte alles, um die Stiefmutter zufriedenzustellen und ihren Töchtern behilflich zu sein. Die Töchter machten es aber wie die Mutter, sie kränkten Marfuschka, stritten mit ihr und wenn sie darüber weinte, so war es ihnen recht. Sie selbst standen spät auf, wuschen sich in dem vorbereiteten Wasser, trockneten sich mit reinen Handtüchern ab und machten sich erst an die Arbeit, wenn es zum Essen ging.

So wuchsen die Mädchen heran und wurden reif zur Ehe. – Rasch erzählt man, langsam erlebt man. – Dem Alten tat seine Tochter leid; er liebte sie, weil sie gehorsam war und arbeitsam: Niemals war sie eigensinnig, immer tat sie, was man ihr auftrug, ohne ein Wort der Widerrede. Der Alte konnte aber dem Jammer nicht abhelfen, er war schwächlich, die Alte zänkisch und die Töchter faul und störrisch.

Die Alten überlegten: Er, wie die Töchter zu verheiraten seien, und sie, wie man die älteste loswerden könnte. Eines Tages sagte die Alte zu ihm: »Alter! Verheiraten wir Marfuschka!«

»Gut!«, sagte er und stieg auf den Herd.

Die Alte folgte ihm nach und sprach: »Steh morgen früh auf, spanne das Pferd vor den Holzschlitten und fahre mit Marfuschka fort. Du, Marfuschka, sammle dein Hab und Gut in ein Körbchen, ziehe ein reines Hemd an, morgen fährst du auf Besuch.«

Die gute Marfuschka war froh über das Glück und schlief die ganze Nacht süß. Frühmorgens stand sie auf, wusch sich, betete, packte alles ordentlich ein und schmückte sich. Das Mädchen war so schön wie man noch kein Bräutchen gesehen.

Es war Winter und es herrschte ein grimmiger Frost. Vor Morgengrauen stand der Alte auf, spannte das Pferd vor den Schlitten und führte es vor das Haus. Er selbst ging hinein, setzte sich auf die Bank und sagte: »Nun habe ich alles vorbereitet.«

»Setzt euch an den Tisch und esst«, sagte die Alte.

Der Brotkorb stand auf dem Tisch und er nahm ein Brot heraus, das er mit seiner Tochter teilte. Die Stiefmutter brachte mittlerweile alte Suppe und sagte: »Nun, Liebchen, iss und fort mit dir, ich musste dich lange genug ansehen! Alter, führe Marfuschka zu ihrem Bräutigam, aber gib auf den Weg acht, alter Narr, fahre erst die gerade Straße hinunter und dann biege rechts in den Wald ein – weißt du, gerade bei der großen Fichte, die auf dem Hügel steht, dort übergib Marfuschka dem Frost.«

Der Alte riss die Augen auf, sperrte den Mund auf, hörte auf zu kauen und das Mädchen heulte.

»Was gibt es da zu jammern! Der Bräutigam ist ja schön und reich! Seht nur wie viel Gut er hat: Alle Tannen und Fichten glitzern und die Birken sind voll Flaum. Ein herrlicheres Leben gibt es kaum und er selber ist ein starker Held.«

Der Alte sammelte schweigend alle Habseligkeiten zusammen, befahl der Tochter, ihr Schafpelzchen anzuziehen und machte sich auf den Weg. Ob die Reise kurz war oder lang, ist mir wirklich nicht bekannt. – Rasch erzählt man, langsam erlebt man. – Endlich erreichten sie die Fichte, bogen vom Weg ab – da stürmte gerade der Schnee. In der Einöde machte der Alte halt, befahl der Tochter auszusteigen, setzte ihr Körbchen unter eine ungeheure Fichte und sagte: »Setze dich hierher, erwarte den Bräutigam und empfange ihn nur ja freundlich.«

Daraufhin wandte er sein Pferd um und fuhr nach Hause.

Das Mädchen saß da und zitterte. Kälte durchschauerte sie. Sie wollte weinen, doch ihr fehlte die Kraft, nur die Zähne schlugen zusammen. Plötzlich hörte sie von Ferne den Frost auf einer Tanne knarren, er sprang von Tanne zu Tanne und pfiff. Endlich war er hoch oben auf der Fichte, unter der das Mädchen saß und er fragte: »Mädchen ist dir warm?«

»Ach ja, Väterchen Frost!«

Der Frost ließ sich tiefer herab, knarrte und pfiff noch mehr als vorher: »Mädchen, sag, schönes Mädchen, ist dir warm?«

Dem Mädchen verging fast der Atem, aber sie sagte noch: »Warm ist mir, Väterchen Frost.«

Da knirschte der Frost noch mehr und pfiff: »Ist dir warm, Mädchen, ist dir warm, schönes Kind, ist dir warm mein Herzchen?«

Das Mädchen war fast erstarrt und sagte kaum hörbar: »Warm, Väterchen.«

Da hatte der Frost Erbarmen und hüllte das Mädchen in Pelze und wärmende Decken ein.

Am nächsten Morgen sagte die Alte zu ihrem Mann: »Geh, alter Narr, und wecke das junge Paar.«

Der Alte spannte sein Pferd vor den Schlitten und fuhr zu seiner Tochter. Er fand sie am Leben, eingehüllt in einen schönen Pelz und in ein seidenes Tuch, und schöne Geschenke lagen in ihrem Körbchen. Ohne ein Wort zu sagen, legte der Alte alles in seinen Schlitten, stieg mit der Tochter ein und fuhr nach Hause. Dort fiel das Mädchen der Stiefmutter zu Füßen.

Die Alte wunderte sich sehr, als sie das Mädchen am Leben sah und den neuen Pelz und den Korb voll Wäsche. »Eh, mich betrügst du nicht!«, sagte sie.

Nach einigen Tagen sagte die Alte. »Führe meine Töchter zum Bräutigam, er wird sie noch ganz anders beschenken.«

Langsam erlebt man, schnell erzählt man! Am Morgen weckte die Alte ihre Töchter, schmückte sie, wie es sich zur Hochzeit schickt, und ließ sie ziehen.

Der Alte fuhr denselben Weg und ließ die Mädchen bei derselben Fichte zurück.

Die Mädchen saßen und lachten. »Was fällt Mütterchen ein, uns plötzlich beide zu verheiraten? Als wären bei uns im Dorf nicht Burschen genug! Wer weiß, was hier für ein Teufel kommt!«

Die Mädchen hatten große Pelze an, aber trotzdem nagte die Kälte an ihnen.

»Paracha, mir läuft der Frost über die Haut, wenn die Erwählten nicht bald kommen, erfrieren wir.«

»Unsinn, Mascha, seit wann kommt ein Bräutigam so früh, jetzt ist erst Essenszeit.«

»Paracha, wenn nur einer kommt, wen wird er da nehmen.«

»Dich nicht, du Gans.«

»Dich etwa?«

»Gewiss.«

»Lass dich nicht auslachen!«

Der Frost nagte den Mädchen an den Händen. Sie versteckten ihre Hände im Pelz und begannen neuerdings: »Du verschlafener Fratz, du böse Pest, du Lästermaul. Spinnen kannst du nicht und ans Beten denkst du gar nicht.«

»Oh du Prahlerin, was kannst denn du? In den Spinnstuben herumlaufen und tratschen. Warten wir es ab, wen er nimmt.«

So stritten die Mädchen und froren ernstlich. »Ei bist du blau geworden!«, sagten sie einstimmig.

Weit weg knarrte der Frost, sprang von Tanne zu Tanne und pfiff. Den Mädchen schien, als käme jemand gefahren.

»Hui, Paracha, er kommt mit Glöckchen gefahren!«

»Geh weg, Närrin, mich schüttelt der Frost.«

»Aber heiraten willst du doch?«

Sie bliesen auf ihre Finger. Der Frost kam näher und näher, endlich ließ er sich auf der Fichte über den Mädchen nieder. »Ist euch warm, Mädchen, ist euch warm, schöne Täubchen?«

»Ach, Frost, uns ist so kalt, wir sind fast erfroren. Wir erwarten den Bräutigam und der Teufel kommt nicht!«

Der Frost ließ sich tiefer herab und knarrte und pfiff noch mehr: »Ist euch warm, Mädchen, ist euch warm, meine Schönen?«

»Geh zum Teufel! Bist du blind, Hände und Füße sind uns schon abgefroren.«

Da ließ sich der Frost noch näher herab, schlug fest zu und fragte: »Mädchen, ist euch warm?«

»Geh zu allen Teufeln ins Wasser und faule, Verfluchter!«

Da waren die Mädchen erstarrt.

Am Morgen sagte die Alte zu ihrem Mann: »Spanne ein, nimm Heu in den Schlitten und warme Decken, den Mädchen wird kalt sein. Ein starker Wind ist draußen! Mach flink, alter Narr!«

Der Alte ließ sich kaum Zeit zum Frühstück, und fuhr fort. Als er zu den Töchtern kam, waren sie tot. Er lud sie auf den Schlitten, schlug sie in die Decken ein, legte das Heu darüber und kehrte heim.

Die Alte sah ihn von weitem kommen und lief ihm entgegen: »Wo sind die Kinder?«

»Im Schlitten.«

Die Alte stieß das Heu beiseite, hob die Decken auf und fand die Kinder tot. Da ging sie wie ein Gewitter über den Alten nieder und schimpfte: »Was hast du, alter Hund, getan? Mit meinen Töchterchen, meinen eigenen, süßen Sprösslingen, meinen roten Beerchen? Ich erschlage dich mit dem Besenstiel, mit dem Feuerhacken erschlage ich dich!«

»Ruhig, alte Hexe, dich lockte der Reichtum, aber deine Töchter waren widerspenstig. Ich bin nicht schuld, du wolltest es selbst!«

Die Alte war zornig und zankte noch lange, versöhnte sich aber später mit der Stieftochter und so lebten sie gut und mit Bedacht, an das Böse wurde nicht mehr gedacht. Ein Nachbar kam und freite und hielt mit Marfuschka Hochzeit. Es ging ihr gut. Der Alte nahm die Enkel in seine Hut, schüchterte mit dem Frost sie ein und hieß sie willig und fleißig sein. Ich war bei der Hochzeit, trank Honigbier. Es kam mir nicht in den Mund, nur über den Schnurrbart floss es mir.

Es war einmal ein König, der hatte drei Töchter, Agnes, Ludmila und Maruschka, die er wie sein Augenlicht liebte. Er war schon alt und des Herrschens müde, und so sann er oft darüber nach, welche seiner Töchter nach seinem Tode Königin werden sollte. Die Wahl wurde ihm schwer, denn er liebte alle drei gleichermaßen. Endlich, nach reiflichem und langem Erwägen, entschloss er sich, diejenige zur Herrscherin zu bestimmen, die ihn am innigsten liebte. Er berief die Prinzessinnen vor seinen Thron und sprach zu ihnen:

»Meine lieben Töchter! Ich bin alt und schwach geworden und werde nicht mehr lange unter euch weilen. Doch bevor ich sterbe, will ich eine von euch zu meiner Nachfolgerin ernennen. Vorerst aber will ich prüfen, welche mich am liebsten hat. Sage du mir, Agnes, meine Älteste, wie liebst du deinen Vater?«

»Ach, lieber Vater, ich liebe dich mehr als Gold!«, antwortete Agnes und küsste seine Hand.

»Und du, Ludmila, wie sehr liebst du mich denn?« – »Ach, mein gutes Väterchen«, rief das Mädchen und umarmte den König, »ich liebe dich wie mein Brautgeschmeide.« – »Und nun du, meine Jüngste, sage mir, wie du mich liebst?«, fragte der König und wandte sich Maruschka zu. – »Ich, Vater, liebe dich wie Salz«, antwortete sie nach kurzem Überlegen und sah den König allerliebst an.

»Oh, du böses Mädchen, du liebst deinen Vater nur wie Salz. Schäme dich«, riefen ihre beiden Schwestern empört. – »Ja, wie Salz liebe ich meinen Vater«, wiederholte Maruschka. Da wurde auch der alte König böse. Er konnte nicht verstehen, dass Maruschka ihre Liebe zu ihm mit einem so einfachen Dinge verglich, das jedermann, auch der Ärmste besaß und nur für wenige Groschen erwerben konnte.

»Geh mir aus den Augen, du undankbares Mädchen!«, rief er. »Ich will dich erst dann wiedersehen, wenn den Menschen Salz wertvoller als Gold und Edelsteine erscheinen wird. Dann kehre zurück, denn dann will ich dich zur Königin machen!« Dass jemals eine so böse Zeit kommen könnte, daran glaubten weder der alte König noch seine beiden älteren Töchter.

Ohne zu widersprechen, mit tränenüberströmtem Antlitz, verließ die stets gehorsame Maruschka das Schloss ihres Vaters. Einsam und verlassen stand sie auf der Straße und wusste nicht, wohin sie ihre Schritte wenden sollte. Schließlich beschloss sie, der Richtung des Windes zu folgen. Sie wanderte über Berge und Täler, bis sie zu einem dichten Birkenwäldchen kam. Da trat ihr eine alte Frau in den Weg. Maruschka grüßte freundlich und wünschte der Alten einen guten Morgen. Die Alte sah die rotgeweinten Augen des Mädchens und sagte mitfühlend: »Was bedrückt dich denn, mein Kind, dass du so bitterlich weinest?«

»Ach, Mütterchen!«, antwortete Maruschka, »fragt nicht nach meinem Kummer! Ihr könnt mir ja ohnehin nicht helfen!« – »Vielleicht doch!«, sagte die Alte lächelnd. »Öffne mir dein Herz und sage mir, was dich quält. Wo graue Haare sind, da ist auch Vernunft.« Ermutigt erzählte nun Maruschka, was sich zugetragen hatte, und weinend fügte sie hinzu: »Ich will ja gar nicht Königin werden, sondern will nur allzu gerne meinen Vater von meiner aufrichtigen Liebe zu ihm überzeugen!« Die Alte ließ Maruschka zu Ende erzählen, obwohl sie von Anfang an wusste, was der Grund ihres Kummers war, denn sie war keine gewöhnliche alte Frau, sondern eine gute Fee.

Freundlich nahm sie das Mädchen bei der Hand und forderte es auf, in ihre Dienste einzutreten. Maruschka war überglücklich und ging mit der Alten. Die gute Fee führte sie in ihr Waldhäuschen und gab ihr zu essen und zu trinken. Als sich Maruschka gelabt hatte, fragte die alte Frau: »Kannst du Schafe hüten? Kannst du melken? Kannst du spinnen und weben?« – »Nichts desgleichen habe ich gelernt«, antwortete das Mädchen traurig, »doch wenn Ihr es mir zeigen wollt, will ich es versuchen und sicherlich schnell lernen!« – »Dies werde ich gerne tun und dich in allem unterweisen. Sei nur stets gut und gehorsam und tue, was ich dir sagen werde. Wenn sich die Zeit zur Zeit gesellt, wird dir Glück und Freude erwachsen!«

Maruschka versprach folgsam zu sein, und da sie fleißig und willig war, lernte sie schnell, und die Arbeit machte ihr viel Freude.

Inzwischen lebten die beiden älteren Prinzessinnen auf dem Schloss in Saus und Braus. Mit falschen Worten und vorgetäuschten Liebkosungen umgarnten sie den alten König und verlangten täglich neue und neue Geschenke. Die älteste Prinzessin stand den lieben Tag lang vor dem Spiegel und kleidete sich in prächtige Gewänder, während ihre Schwester sich mit Gold und Edelsteinen schmückte und unaufhörlich tanzte. Ein Festmahl folgte dem anderen, und die Mädchen hatten nichts anderes als nur ihr Vergnügen im Sinn.

Da gingen dem alten König die Augen auf, er musste erkennen, dass seinen Töchtern Gold und Tanz lieber waren als er. Er gedachte seiner jüngsten Tochter und erinnerte sich an die aufrichtige Liebe, mit der sie ihn immer umgeben, ihn geherzt und liebkost hatte. Er wusste nun, dass er sie allein zur Königin hätte ernennen sollen. Wie gerne hätte er sie zurückgeholt, wenn er nur gewusst hätte, wo sie sich befand! Kamen ihm aber ihre Worte in den Sinn, dass sie ihn nur so wie Salz liebe, wurde er wieder ärgerlich und zweifelte an ihr.

Eines Tages sollte ein Festmahl im Schloss gegeben werden. Da stürzte der Koch vor des Königs Thron und rief: »Herr, ein großes Missgeschick hat uns befallen! Das Salz in der Küche und auch im ganzen Lande ist zerflossen und hat sich aufgelöst. Womit soll ich denn die Speisen salzen?« – »Kannst du denn nichts anderes zum Würzen verwenden?«, fragte der König ärgerlich. – »Oh, Herr, welches Gewürz könnte denn Salz ersetzen?«, rief der Koch verzweifelt. Auf diese Frage wusste der König keine Antwort. Er wurde böse und befahl dem Koch, das Festmahl ohne Salz zuzubereiten. Wenn es dem König recht ist, mir kann es sicherlich recht sein, dachte der Koch und sandte ungesalzene Speisen zur Königstafel. Den Gästen wollten die Gerichte nicht munden, obwohl sie sonst schmackhaft und wohlgefällig zubereitet waren.

Der König sandte seine Boten nach allen Windrichtungen aus, um Salz zu holen, doch sie alle kehrten unverrichteter Dinge und mit leeren Händen ins Schloss zurück. Das gleiche Missgeschick hatte auch die Nachbarländer betroffen, und wer noch einen kleinen Salzvorrat hatte, wollte sich nicht für alles Gold der Welt von ihm trennen.

Auf Befehl des Königs bereitete nun der Koch nur noch süße Speisen und Gerichte zu, die keines Salzes bedurften. Doch auch diese Speisen wollten den Gästen auf die Dauer nicht schmecken, und als sie sahen, dass keine Besserung abzusehen war, verließen sie, einer nach dem anderen, das königliche Schloss. Die beiden Prinzessinnen waren untröstlich, aber es blieb ihnen nichts anderes übrig, als die Gäste ziehen zu lassen.

Doch nicht nur die Menschen, sondern auch das Vieh in den Ställen litt unter diesem Salzmangel. Kühe, Ziegen und Schafe gaben wenig Milch, es war ein Unglück für jedermann im Lande. Die Leute wankten müde zur Arbeit und wurden schwach und krank. Sogar den König und seine beiden Töchter verschonte die Krankheit nicht.

Da erst erkannten sie, welch seltene Gabe des Himmels das Salz war und wie wenig sie diese geschätzt hatten. Die Schuld, Maruschka Unrecht getan zu haben, lastete schwer auf des Königs Gewissen.

In der Zwischenzeit lebte das Mädchen in der Hütte im Wald glücklich und zufrieden. Sie ahnte nicht, wie schlecht es ihrem Vater und ihren beiden Schwestern zu Hause erging. Die weise Frau jedoch wusste nur zu genau, was sich dort zutrug. Eines Tages sprach sie zu Maruschka: »Stets sagte ich dir, dass wenn die Zeit sich zur Zeit gesellt, deine Stunde kommen wird. Deine Stunde hat nun geschlagen, kehre nach Hause zurück!« – »Ach, mein gutes Mütterchen, wie könnte ich denn jemals wieder zurückkehren, wenn mich mein eigener Vater aus dem Haus gewiesen hat«, antwortete das Mädchen und fing zu weinen an. Da erzählte ihr die gute Fee, was sich während ihrer Abwesenheit zugetragen hatte, dass nun die Worte an ihren Vater wahr geworden und Salz wertvoller als Gold und Edelsteine sei.

Ungern verließ Maruschka die gute Fee, die sie so viele nützliche Dinge gelehrt hatte, doch ihre Sehnsucht nach dem Vater war erwacht, und sie konnte es kaum erwarten, ihn wiederzusehen. »Du hast mir treu gedient, Maruschka«, sprach die Alte beim Abschied, »und ich will dich gut entlohnen. Sage mir, was du dir wünschst.« – »Ihr wart gut zu mir und habt mich so vieles gelehrt«, antwortete Maruschka, »ich will nichts anders von Euch, Mütterchen, als ein wenig Salz, welches ich meinem Vater bringen will.«

»Und nichts weiter wünschst du? Ich könnte jeden deiner Wünsche erfüllen«, fragte nochmals die gute Fee. – »Nein, nichts mehr begehre ich, Mütterchen, als das Salz«, beharrte Maruschka. – »Da du das Salz so hoch schätzt, möge es dir niemals daran fehlen«, sprach die Alte. »Nimm hier diese kleine Weidenrute, und wenn einmal der Mittagswind zu wehen beginnt, folge ihm. Gehe durch drei Täler und über drei Berge, dann halte ein und berühre den Boden mit der Weidenrute. Die Erde wird sich öffnen, tritt getrost ein. Was du dort finden wirst, gehört dir.«

Dankend nahm Maruschka die Weidenrute und verwahrte sie sorgfältig. Dann gab ihr die alte Frau ein Beutelchen, welches sie mit Salz füllte. Schweren Herzens nahm das Mädchen Abschied von dem kleinen Waldhäuschen, das ihr zur zweiten Heimat geworden war, und machte sich, von dem Mütterchen begleitet, auf den Heimweg. Weinend versicherte Maruschka, dass sie wiederkommen wolle, um die alte Frau zu holen und sie für immer mit sich aufs Schloss zu nehmen. »Bleibe nur stets gut und gehorsam«, sagte die Alte lächelnd, als sie den Rand des Birkenwäldchens erreicht hatten, »und es wird dir wohl ergehen!« Als ihr Maruschka nochmals für ihre Güte danken wollte, war sie verschwunden. Verwundert stand das Mädchen da, doch die Sehnsucht nach ihrem Vater ließ sie nicht lange verweilen, und sie eilte zum Schloss.

Sie war ärmlich gekleidet, und da sie den Kopf in ein Tuch gehüllt hatte, erkannte sie niemand. Die Diener im Schloss verweigerten ihr den Zutritt zum König, da er krank und schwach im Bett lag. »Ach, lasst mich doch ein«, bat sie, »ich bringe ein Geschenk, welches dem König seine verlorene Kraft und Gesundheit wiedergeben wird!« Als der König dies hörte, befahl er, das Mädchen zu ihm zu bringen.

»Gebt mir ein Stück Brot«, bat Maruschka, als sie vor dem Könige stand. – »Salz kann ich dir mit dem Brote jedoch nicht reichen lassen«, seufzte der König, »denn wir haben im Schloss kein Stäubchen davon.« – »Das Salz habe ich«, rief Maruschka.

Sie öffnete ihren Beutel, streute ein wenig aufs Brot und reichte es dem König. »Salz! Hört ihr Leute«, rief der König entzückt. »Wie soll ich dir nur für deine Gabe danken? Sage mir, was du dir wünschest!« – »Nichts wünsche ich mir sehnlicher, als dass du, mein geliebtes Väterchen, mich wieder zu dir nimmst und mich ebenso liebst wie das Salz hier«, antwortete Maruschka und enthüllte ihr liebliches Antlitz. Der König war überglücklich, als er seine jüngste Tochter wiedersah. Er bat sie um Verzeihung, doch Maruschka küsste und streichelte ihren Vater nur und hatte auch schon alles Unrecht, welches ihr geschehen war, vergessen.

Schnell verbreitete sich im Schloss und auch im ganzen Land die Kunde, dass des Königs jüngste Tochter heimgekehrt wäre und Salz mitgebracht hätte. Jeder, der im Schloss erschien und um Salz bat, bekam ein wenig aus dem Beutelchen, welches nie leer wurde. Der König wurde gesund, und voll Freude darüber berief er eines Tages um die Mittagsstunde seine Edelleute, um ihnen zu verkünden, dass er Maruschka zu seiner Nachfolgerin bestimmen wolle.

Maruschka wurde gerufen, und unter großem Jubel des Volkes wurde sie zur Königin ernannt. Da strich ein warmer Windhauch leise über ihre Wange, und es war ihr, als höre sie die Stimme der alten Frau im Wald. Sie erkannte das Zeichen, welches ihr der Mittagswind gab, und beschloss, ihm zu folgen. Schnell vertraute sie sich ihrem Vater an, nahm die kleine Weidenrute zur Hand und ging in der Richtung des Windes. Sie wanderte über drei Berge und durch drei Täler und blieb hierauf stehen, so wie es ihr die alte Frau geboten hatte. Mit ihrer Rute schlug sie auf den Bogen, und siehe da! Die Erde öffnete sich, und Maruschka trat ein.

Sie stand inmitten eines großen Saales, dessen Wände und Boden wie aus Eis gebaut zu sein schienen. Von allen Seiten liefen winzige Männchen herbei, die alle hellleuchtende Fackeln trugen. »Sei uns willkommen, o Königin«, riefen sie. »Wir haben deine Ankunft lange erwartet. Unsere Gebieterin befahl uns, dir dieses unterirdische Reich zu zeigen, denn es gehört dir.« So schnatterte und plapperte es von allen Seiten, die kleinen Wesen hüpften und tanzten um Maruschka herum. Sie kletterten auf die Wände hinauf und sprangen über die glitzernden Kristalle, die wie Edelsteine im Fackellichte blitzten.

Die kleinen Männchen führten Maruschka durch Gänge, von deren Decken silberschimmernde Eiszapfen hingen. Sie geleiteten sie in Gärten, in welchen rote Eisrosen und andere wunderbare Blumen blühten. Dann brachen sie eine der schimmernden Blüten ab und reichten sie Maruschka. Doch kein lieblicher Duft entströmte ihrem Kelche.

»Was soll denn all dies bedeuten?«, fragte das Mädchen verwundert, »niemals noch habe ich solche Pracht gesehen.« – »All dies ist Salz«, riefen die Männchen im Chor. »Nimm davon, so viel dir beliebt, der Vorrat ist unerschöpflich!«

Maruschka dankte den kleinen Wesen von ganzem Herzen und kehrte ans Tageslicht zurück. Der Eingang zum unterirdischen Reich aber schloss sich nicht wieder. Als sie nach Hause zurückkehrte und ihrem Vater von ihrem wunderbaren Erlebnis erzählt hatte, erkannte dieser, mit welch unschätzbarem Reichtum seine Tochter von der alten Frau im Birkenwalde überschüttet worden war. Maruschka aber sehnte sich nach der alten Frau und eilte mit einem großen Gefolge zum Birkenwäldchen, um sie zu finden und für immer ins Schloss zu bringen, so wie sie es ihr beim Abschied versprochen hatte. Doch so sehr sie sich auch bemühte und den Wald kreuz und quer durchsuchte, es gelang ihr nicht, die Hütte zu finden. Das Mütterchen blieb verschwunden.

Da erst wurde es Maruschka klar, dass die alte Frau ihre gütige Fee gewesen war. Sie kehrte heim und lebte, von ihren Untertanen geliebt und geehrt, noch viele lange Jahre.

or einem großen Wald wohnte ein armer Holzhacker mit seiner Frau und seinen zwei Kindern; das Bübchen hieß Hänsel und das Mädchen Gretel. Er hatte wenig zu beißen und zu brechen, und einmal, als große Teuerung ins Land kam, konnte er auch das tägliche Brot nicht mehr schaffen. Wie er sich nun abends im Bette Gedanken machte und sich vor Sorgen herumwälzte, seufzte er und sprach zu seiner Frau: »Was soll aus uns werden? Wie können wir unsere armen Kinder ernähren, da wir für uns selbst nichts mehr haben?«

»Weißt du was, Mann«, antwortete die Frau, »wir wollen morgen in aller Frühe die Kinder hinaus in den Wald führen, wo er am dicksten ist, da machen wir ihnen ein Feuer an und geben jedem noch ein Stückchen Brot; dann gehen wir an unsere Arbeit und lassen sie allein. Sie finden den Weg nicht wieder nach Haus, und wir sind sie los.« – »Nein, Frau«, sagte der Mann, »das tue ich nicht; wie sollt' ich's übers Herz bringen, meine Kinder im Walde allein zu lassen; die wilden Tiere würden bald kommen und sie zerreißen.« – »O du Narr«, sagte sie, »dann müssen wir alle viere hungers sterben«, und ließ ihm keine Ruhe, bis er einwilligte. »Aber die armen Kinder dauern mich doch«, sagte der Mann.

Die zwei Kinder hatten vor Hunger auch nicht einschlafen können und hatten gehört, was die Stiefmutter zum Vater gesagt hatte. Gretel weinte bittere Tränen und sprach zu Hänsel: »Nun ist's um uns geschehen.« – »Still, Gretel«, sprach Hänsel, »gräme dich nicht, ich will uns schon helfen.« Und als die Alten eingeschlafen waren, stand er auf, zog sein Röcklein an, machte die Untertür auf und schlich sich hinaus. Da schien der Mond ganz helle, und die weißen Kieselsteine, die vor dem Haus lagen, glänzten wie lauter Batzen. Hänsel bückte sich und steckte so viel in sein Rocktäschlein, wie nur hinein wollten. Dann ging er wieder zurück, sprach zu Gretel: »Sei getrost, liebes Schwesterchen, und schlaf nur ruhig ein, Gott wird uns nicht verlassen«, und legte sich wieder in sein Bett.

Als der Tag anbrach, kam schon die Frau und weckte die beiden Kinder: »Steht auf, ihr Faulenzer, wir wollen in den Wald gehen und Holz holen.« Dann gab sie jedem ein Stückchen Brot und sprach: »Da habt ihr etwas für den Mittag, aber esst's nicht vorher auf, weiter kriegt ihr nichts.« Gretel nahm das Brot unter die Schürze, weil Hänsel die Steine in der Tasche hatte. Danach machten sie sich alle zusammen auf den Weg nach dem Wald. Als sie ein

Weilchen gegangen waren, stand Hänsel still und guckte nach dem Haus zurück und tat das wieder und immer wieder. Der Vater sprach: »Hänsel, was guckst du da und bleibst zurück, hab Acht und vergiss deine Beine nicht.« – »Ach, Vater«, sagte Hänsel, »ich sehe nach meinem weißen Kätzchen, das sitzt oben auf dem Dach und will mir Ade sagen.« Die Frau sprach: »Narr, das ist dein Kätzchen nicht, das ist die Morgensonne, die auf den Schornstein scheint.«

Hänsel aber hatte nicht nach dem Kätzchen gesehen, sondern immer einen von den blanken Kieselsteinen aus seiner Tasche auf den Weg geworfen.

Als sie mitten in den Wald gekommen waren, sprach der Vater: »Nun sammelt Holz, ihr Kinder, ich will ein Feuer anmachen, damit ihr nicht friert.« Hänsel und Gretel trugen Reisig zusammen, einen kleinen Berg hoch. Das Reisig ward angezündet, und als die Flamme recht hoch brannte, sagte die Frau: »Nun legt euch ans Feuer, ihr Kinder, und ruht euch aus, wir gehen in den Wald und hauen Holz. Wenn wir fertig sind, kommen wir wieder und holen euch ab.«

Hänsel und Gretel saßen am Feuer, und als der Mittag kam, aß jedes sein Stücklein Brot. Und weil sie die Schläge der Holzaxt hörten, so glaubten sie, ihr Vater wäre in der Nähe. Es war aber nicht die Holzaxt, es war ein Ast, den er an einen dürren Baum gebunden hatte und den der Wind hin und her schlug. Und als sie so lange gesessen hatten, fielen ihnen die Augen vor Müdigkeit zu, und sie schliefen fest ein. Als sie endlich erwachten, war es schon finstere Nacht. Gretel fing an zu weinen und sprach: »Wie sollen wir nun aus dem Wald kommen?« Hänsel aber tröstete sie: »Wart nur ein Weilchen, bis der Mond aufgegangen ist, dann wollen wir den Weg schon finden.« Und als der volle Mond aufgestiegen war, so nahm Hänsel sein Schwesterchen an der Hand und ging den Kieselsteinen nach, die schimmerten wie neu geschlagene Batzen und zeigten ihnen den Weg. Sie gingen die ganze Nacht hindurch und kamen bei anbrechendem Tag wieder zu ihres Vaters Haus. Sie klopften an die Tür, und als die Frau aufmachte und sah, dass es Hänsel und Gretel waren, sprach sie: »Ihr bösen Kinder, was habt ihr so lange im Walde geschlafen, wir haben geglaubt, ihr wolltet gar nicht wieder kommen.« Der Vater aber freute sich; denn es war ihm zu Herzen gegangen, dass er sie so allein zurückgelassen hatte.

Nicht lange danach war wieder Not in allen Ecken, und die Kinder hörten, wie die Mutter nachts im Bette zu dem Vater sprach: »Alles ist wieder aufgezehrt, wir haben noch einen halben Laib Brot, hernach hat das Lied ein Ende. Die Kinder müssen fort, wir wollen sie tiefer in den Wald hineinführen, damit sie den Weg nicht wieder herausfinden; es ist sonst keine Rettung für uns.« Dem Mann fiel's schwer aufs Herz, und er dachte: ›Es wäre besser, dass du den letzten Bissen mit deinen Kindern teiltest.‹ Aber die Frau hörte auf nichts, was er sagte. Wer A sagt, muss auch B sagen, und weil er das erste Mal nachgegeben hatte, so musste er es auch zum zweiten Mal.

Die Kinder waren aber noch wach gewesen und hatten das Gespräch mit angehört. Als die Alten schliefen, stand Hänsel wieder auf, wollte hinaus und Kieselsteine auflesen wie das vorige Mal, aber die Frau hatte die Tür verschlossen. Er tröstete sein Schwesterchen und sprach: »Weine nicht, Gretel, und schlaf nur ruhig, der liebe Gott wird uns schon helfen.«

Am frühen Morgen kam die Frau und holte die Kinder aus dem Bette. Sie erhielten ihr Stückchen Brot, das war aber noch kleiner als das vorige Mal. Auf dem Wege nach dem Wald bröckelte es Hänsel in der Tasche, stand oft still und warf ein Bröcklein auf die Erde. »Hänsel, was stehst du und guckst dich um«, sagte der Vater, »geh deiner Wege.« – »Ich sehe nach meinem Täubchen, das sitzt auf dem Dache und will mir Ade sagen«, antwortete Hänsel. »Narr«, sagte die Frau, »das ist dein Täubchen nicht, das ist die Morgensonne, die auf den Schornstein oben scheint.« Hänsel aber warf nach und nach alle Bröcklein auf den Weg.

Die Frau führte die Kinder noch tiefer in den Wald, wo sie ihr Lebtag noch nicht gewesen waren. Da ward wieder ein großes Feuer angemacht, und die Mutter sagte: »Bleibt nur da sitzen, ihr Kinder, und wenn ihr müde seid, könnt ihr ein wenig schlafen. Wir gehen in den Wald und hauen Holz, und abends, wenn wir fertig sind, kommen wir und holen euch ab.« Als es Mittag war, teilte Gretel ihr Brot mit Hänsel, der sein Stück auf den Weg gestreut hatte. Dann schliefen sie ein, und der Abend verging, aber niemand kam zu den armen Kindern. Sie erwachten erst in der finstern Nacht, und Hänsel tröstete sein Schwesterchen und sagte: »Wart nur, Gretel, bis der Mond aufgeht, dann werden wir die Brotbröcklein sehen, die ich ausgestreut habe, die zeigen uns den Weg nach Haus.« Als der Mond kam, machten sie sich auf, aber sie fanden kein Bröcklein mehr; denn die vieltausend Vögel, die im Walde und im Felde umherfliegen, die hatten sie weggepickt. Hänsel sagte zu Gretel: »Wir werden den Weg schon finden«, aber sie fanden ihn nicht. Sie gingen die ganze Nacht und noch einen Tag von Morgen bis Abend, aber sie kamen aus dem Wald nicht heraus und waren so hungrig; denn sie hatten nichts als die paar Beeren, die auf der Erde standen. Und weil sie so müde waren, dass die Beine sie nicht mehr tragen wollten, so legten sie sich unter einen Baum und schliefen ein.

Nun war's schon der dritte Morgen, dass sie ihres Vaters Haus verlassen hatten. Sie fingen wieder an zu gehen, aber sie gerieten immer tiefer in den Wald, und wenn nicht bald Hilfe kam, so mussten sie verschmachten. Als es Mittag war, sahen sie ein schönes schneeweißes Vöglein auf einem Ast sitzen, das sang so schön, dass sie stehen blieben und ihm zuhörten.

Und als es fertig war, schwang es seine Flügel und flog vor ihnen her, und sie gingen ihm nach, bis sie zu einem Häuschen gelangten, auf dessen Dach es sich setzte, und als sie ganz nah herankamen, so sahen sie, dass das Häuslein aus Brot gebaut war und mit Kuchen gedeckt; aber die Fenster waren von hellem Zucker.

»Da wollen wir uns dran machen«, sprach Hänsel, »und eine gesegnete Mahlzeit halten. Ich will ein Stück vom Dach essen, Gretel, du kannst vom Fenster essen, das schmeckt süß.« Hänsel reichte in die Höhe und brach sich ein wenig vom Dach ab, um zu versuchen, wie es schmeckte, und Gretel stellte sich an die Scheiben und knupperte daran.

Da rief eine feine Stimme aus der Stube heraus:

»Knupper, knupper, kneischen,
wer knuppert an meinem Häuschen?«

Die Kinder antworteten:

»Der Wind, der Wind,
das himmlische Kind«,

und aßen weiter, ohne sich irremachen zu lassen. Hänsel, dem das Dach sehr gut schmeckte, riss sich ein großes Stück davon herunter, und Gretel stieß eine ganze runde Fensterscheibe heraus. Da ging auf einmal die Tür auf, und eine steinalte Frau, die sich auf eine Krücke stützte, kam herausgeschlichen.

Hänsel und Gretel erschraken so gewaltig, dass sie fallen ließen, was sie in den Händen hielten. Die Alte aber wackelte mit dem Kopfe und sprach: »Ei, ihr lieben Kinder, wer hat euch hierhergebracht? Kommt nur herein und bleibt bei mir, es geschieht euch kein Leid.« Sie fasste beide an der Hand und führte sie in ihr Häuschen. Da ward gutes Essen aufgetragen, Milch und Pfannekuchen mit Zucker, Äpfel und Nüsse. Hernach wurden zwei schöne Bettlein weiß gedeckt, und Hänsel und Gretel legten sich hinein und meinten, sie wären im Himmel.

Die Alte hatte sich nur so freundlich angestellt, sie war aber eine böse Hexe, die den Kindern auflauerte, und hatte das Brothäuslein bloß gebaut, um sie herbeizulocken. Wenn eins in ihre Gewalt kam, so machte sie es tot, kochte es und aß es, und das war ihr ein Festtag. Die Hexen haben rote Augen und können nicht weit sehen, aber sie haben eine feine Witterung wie die Tiere und merken's, wenn Menschen herankommen. Als Hänsel und Gretel in ihre Nähe kamen, da lachte sie boshaft und sprach höhnisch: »Die habe ich, die sollen mir nicht wieder entwischen.« Frühmorgens, ehe die Kinder erwacht waren, stand sie schon auf, und als sie beide so lieblich ruhen sah, mit den vollen roten Backen, so murmelte sie vor sich hin: »Das wird ein guter Bissen werden.« Da packte sie Hänsel mit ihrer dürren Hand und trug ihn in einen kleinen Stall und sperrte ihn mit einer Gittertür ein. Er mochte schreien, wie er wollte, es half ihm nichts. Dann ging sie zur Gretel, rüttelte sie wach und rief: »Steh auf, Faulenzerin, trag Wasser und koch deinem Bruder etwas Gutes, der sitzt draußen im Stall und soll fett werden. Wenn er fett ist, so will ich ihn essen.«

Gretel fing an, bitterlich zu weinen, aber es war alles vergeblich, sie musste tun, was die böse Hexe verlangte.

Nun ward dem armen Hänsel das beste Essen gekocht, aber Gretel bekam nichts als Krebsschalen. Jeden Morgen schlich die Alte zu dem Ställchen und rief: »Hänsel, streck deine Finger heraus, damit ich fühle, ob du bald fett bist.« Hänsel streckte ihr aber ein Knöchlein heraus, und die Alte, die trübe Augen hatte, konnte es nicht sehen und meinte, es wären Hänsels Finger, und verwunderte sich, dass er gar nicht fett werden wollte. Als vier Wochen herum waren und Hänsel immer mager blieb, da überkam sie die Ungeduld, und sie wollte nicht länger warten. »Heda, Gretel«, rief sie dem Mädchen zu, »sei flink und trag Wasser. Hänsel mag fett oder mager sein, morgen will ich ihn schlachten und kochen.« Ach, wie jammerte das arme Schwesterchen, als es das Wasser tragen musste. »Lieber Gott, hilf uns doch«, rief sie aus, »hätten uns nur die wilden Tiere im Wald gefressen, so wären wir doch zusammen gestorben.« – »Spar nur dein Geplärre«, sagte die Alte, »es hilft dir alles nichts.«

Frühmorgens musste Gretel heraus, den Kessel mit Wasser aufhängen und Feuer anzünden. »Erst wollen wir backen«, sagte die Alte, »ich habe den Backofen schon eingeheizt und den Teig geknetet.« Sie stieß das arme Gretel hinaus zu dem Backofen, aus dem die Feuerflammen schon herausschlugen. »Kriech hinein«, sagte die Hexe, »und sieh zu, ob recht eingeheizt ist, damit wir das Brot hineinschieben können.« Und wenn Gretel darin war, wollte sie den Ofen zumachen, und Gretel sollte darin braten, und dann wollte sie's auch aufessen. Aber Gretel merkte, was sie im Sinn hatte, und sprach: »Ich weiß nicht, wie ich's machen soll; wie komm' ich da hinein?« – »Dumme Gans«, sagte die Alte, »die Öffnung ist groß genug, siehst du wohl, ich könnte selbst hinein«, krabbelte heran und steckte den Kopf in den Backofen.

Da gab ihr Gretel einen Stoß, dass sie weit hineinfuhr, machte die eiserne Tür zu und schob den Riegel vor. Hu, da fing sie an zu heulen, ganz grauselig; aber Gretel lief fort, und die gottlose Hexe musste elendiglich verbrennen.

Gretel aber lief schnurstracks zum Hänsel, öffnete sein Ställchen und rief: »Hänsel, wir sind erlöst, die alte Hexe ist tot.« Da sprang Hänsel heraus wie ein Vogel aus dem Käfig, wenn ihm die Tür aufgemacht wird. Wie haben sie sich gefreut und sind sich um den Hals gefallen! Und weil sie sich nicht mehr zu fürchten brauchten, so gingen sie in das Haus der Hexe hinein, da standen in allen Ecken Kasten mit Perlen und Edelsteinen. »Die sind noch besser als Kieselsteine«, sagte Hänsel und steckte in seine Taschen, was hinein wollte, und Gretel sagte: »Ich will auch etwas mit nach Hause bringen«, und füllte sich sein Schürzchen voll.

»Aber jetzt wollen wir fort«, sagte Hänsel, »damit wir aus dem Hexenwald herauskommen.« Als sie aber ein paar Stunden gegangen waren, gelangten sie an ein großes Wasser. »Wir können nicht hinüber«, sprach Hänsel, »ich sehe keinen Steg und keine Brücke.« – »Hier fährt auch kein Schiffchen«, antwortete Gretel, »aber da schwimmt eine weiße Ente, wenn ich die bitte, so hilft sie uns hinüber.« Da rief sie:

»Entchen, Entchen,
da steht Gretel und Hänsel.
Kein Steg und keine Brücke,
nimm uns auf deinen weißen Rücken.«

Das Entchen kam auch heran, und Hänsel setzte sich auf und bat sein Schwesterchen, sich zu ihm zu setzen. »Nein«, antwortete Gretel, »es wird dem Entchen zu schwer, es soll uns nacheinander hinüberbringen.« Das tat das gute Tierchen, und als sie glücklich drüben waren und ein Weilchen fortgingen, da kam ihnen der Wald immer bekannter vor, und endlich erblickten sie von weitem ihres Vaters Haus. Da fingen sie an zu laufen, stürzten in die Stube hinein und fielen ihrem Vater um den Hals. Der Mann hatte keine frohe Stunde gehabt, seitdem er die Kinder im Walde gelassen hatte, die Frau aber war gestorben. Gretel schüttete sein Schürzchen aus, dass die Perlen und Edelsteine in der Stube herumsprangen, und Hänsel warf eine Hand voll nach der andern aus seiner Tasche dazu. Da hatten alle Sorgen ein Ende, und sie lebten in lauter Freude zusammen. Mein Märchen ist aus, dort läuft eine Maus, wer sie fängt, darf sich eine große, große Pelzkappe daraus machen.

Erste Geschichte,
die von dem Spiegel und den Scherben handelt

Seht, nun fangen wir an. Wenn wir am Ende der Geschichte sind, wissen wir mehr als jetzt! Es war ein böser Zauberer, einer der allerärgsten, es war der Teufel! Eines Tages war er recht bei Laune, denn er hatte einen Spiegel gemacht, der die Eigenschaft besaß, dass alles Gute und Schöne, was sich darin spiegelte, fast zu nichts zusammenschwand, aber das, was nichts taugte und sich schlecht ausnahm, das trat hervor und wurde noch ärger. Die herrlichsten Landschaften sahen wie gekochter Spinat darin aus, und die besten Menschen wurden darin widerlich oder standen auf dem Kopfe ohne Rumpf, ihre Gesichter wurden so verdreht, dass sie nicht zu erkennen waren, und hatte man ein Sonnenfleckchen, so konnte man versichert sein, dass es sich über Mund und Nase ausbreitete. Das sei äußerst belustigend, sagte der Teufel. Fuhr nun ein guter, frommer Gedanke durch einen Menschen, dann zeigte sich ein Grinsen im Spiegel, so dass der Zauberteufel über seine künstliche Erfindung lachen musste. Alle, die seine Zauberschule besuchten, denn er hielt Zauberschule, erzählten ringsumher, dass ein Wunder geschehen sei; nun könnte man erst sehen, meinten sie, wie die Welt und die Menschen wirklich aussehen. Sie liefen mit dem Spiegel umher, und zuletzt gab es kein Land oder keinen Menschen, der nicht verdreht darin gewesen wäre. Nun wollten sie auch zum Himmel selbst auffliegen, um sich über die Engel und den lieben Gott lustig zu machen. Je höher sie mit dem Spiegel flogen, umso mehr grinste und zitterte er, sie konnten ihn kaum festhalten; sie flogen höher und höher, Gott und den Engeln näher; da erzitterte der Spiegel so fürchterlich in seinem Grinsen, dass er ihren Händen entflog und zur Erde stürzte, wo er in hundert Millionen Stücke zersprang. Damit verursachte er weit größeres Unglück als zuvor, denn einige Stücke waren so groß wie ein Sandkorn, und die flogen ringsherum in der weiten Welt, und wo Leute sie ins Auge bekamen, da blieben sie sitzen, und da sahen die Menschen alles verkehrt oder hatten nur Sinn für das Verkehrte bei einer Sache, denn jede kleine Spiegelscherbe hatte dieselben Kräfte behalten, die der ganze Spiegel besaß. Einige Menschen bekamen sogar eine kleine Spiegelscherbe ins Herz, und dann war es ganz gräulich: Das Herz wurde einem Klumpen Eise gleich. Einige Spiegelscherben waren so groß, dass sie zu Fensterscheiben gebraucht wurden, aber es taugte nichts, seine Freunde durch diese Scheiben zu betrachten. Andere Stücke kamen in Brillen, und dann ging es schlecht, wenn die Leute diese Brillen aufsetzten, um recht zu sehen und gerecht zu sein. Der Böse lachte, dass ihm beinahe der Bauch platzte, und das kitzelte ihn angenehm. Aber draußen flogen noch kleine Glasscherben in der Luft umher. Nun werden wir's hören.

Zweite Geschichte
Ein kleiner Knabe und ein kleines Mädchen

Drinnen in der großen Stadt, wo so viele Menschen und Häuser sind und nicht genug Platz, dass alle Leute einen kleinen Garten besitzen können, und wo sich deshalb die meisten mit Blumen in Blumentöpfen begnügen müssen, da lebten zwei arme Kinder, die einen etwas größeren Garten als einen Blumentopf besaßen. Sie waren nicht Bruder und Schwester, aber sie waren sich so gut, als ob sie es gewesen wären. Die Eltern wohnten einander gerade gegenüber in zwei Dachkammern, da, wo das Dach des einen Nachbarhauses gegen das andere stieß und die Wasserrinne zwischen den Dächern entlanglief. Hier war in jedem Hause ein kleines Fenster; man brauchte nur über die Rinne zu schreiten, so konnte man von dem einen Fenster zum andern gelangen.

Die Eltern hatten draußen jedes einen großen Holzkasten, darin wuchsen Küchenkräuter, die sie brauchten, und ein kleiner Rosenstock; es stand einer in jedem Kasten, und sie wuchsen herrlich. Nun fiel es den Eltern ein, die Kasten quer über die Rinne zu stellen, so dass sie fast von dem einen bis zum andern Fenster reichten und zwei Blumenwällen ganz ähnlich sahen. Erbsenranken hingen über die Kästen hinunter, und die Rosenstöcke schossen lange Zweige, die sich um die Fenster rankten und sich einander entgegenbogen, es war fast einer Ehrenpforte von Blättern und Blumen gleich. Da die Kästen sehr hoch waren und die Kinder wussten, dass sie nicht hinaufkriechen durften, so erhielten sie oft die Erlaubnis, zueinander hinauszusteigen, auf ihren kleinen Schemeln unter den Rosen zu sitzen, und da spielten sie dann prächtig.

Im Winter hatte dies Vergnügen ein Ende. Die Fenster waren oft ganz zugefroren. Aber dann wärmten die Kinder Kupferdreier auf dem Ofen, legten den warmen Dreier gegen die gefrorene Scheibe, und dann entstand da ein rundes, schönes Guckloch; dahinter blitzte ein lieblich mildes Auge, eins von jedem Fenster; das waren der kleine Knabe und das kleine Mädchen. Er hieß Kai, und sie hieß Gerda. Im Sommer konnten sie mit einem Sprunge zueinander gelangen, im Winter mussten sie erst die vielen Treppen hinunter- und die andern Treppen hinaufsteigen; draußen trieb der Schnee.

»Das sind die weißen Bienen, die schwärmen!«, sagte die alte Großmutter.

»Haben sie auch eine Bienenkönigin?«, fragte der kleine Knabe, denn er wusste, dass unter den wirklichen Bienen eine solche ist.

»Die haben sie!«, sagte die Großmutter. »Sie fliegt dort, wo sie am dichtesten schwärmen, sie ist die Größte von allen, und nie bleibt sie liegen auf Erden, sie fliegt wieder in die schwarze Wolke hinauf. Manche Winternacht fliegt sie durch die Straßen der Stadt und blickt zu den Fenstern hinein, und dann gefrieren diese sonderbar, gleich wie mit Blumen.«

»Ja, das habe ich gesehen!«, sagten beide Kinder, und nun wussten sie, dass es wahr sei.

»Kann die Schneekönigin denn auch zu uns hereinkommen?«, fragte das kleine Mädchen.

»Lass sie nur kommen«, sagte der Knabe, »dann setze ich sie auf den warmen Ofen, und dann schmilzt sie.«

Aber die Großmutter glättete sein Haar und erzählte andere Geschichten. Am Abend, als der kleine Kai zu Hause und halb entkleidet war, kletterte er auf den Stuhl am Fenster und guckte aus dem kleinen Loche. Ein paar Schneeflocken fielen draußen, und eine, die allergrößte, blieb auf dem Rande des einen Blumenkastens liegen; sie wuchs mehr und mehr und wurde zuletzt ein ganzes Frauenzimmer, in den feinsten weißen Flor gekleidet, der wie von Millionen sternartiger Flocken zusammengesetzt war. Sie war schön und fein, aber von Eis, dem blendenden, blinkenden Eise, und doch war sie lebend; die Augen blitzten wie zwei klare Sterne, aber es war keine Ruhe noch Rast in ihnen. Sie nickte dem Fenster zu und winkte mit der Hand. Der kleine Knabe erschrak und sprang vom Stuhle hernieder, da war es, als ob draußen vor dem Fenster ein großer Vogel vorbeiflöge.

Am nächsten Tage wurde es klarer Frost – und dann kam das Frühjahr, die Sonne schien, das Grün keimte hervor, Schwalben bauten Nester, die Fenster wurden geöffnet, und die Kinder saßen wieder in ihrem kleinen Garten hoch oben in der Dachrinne über allen Stockwerken.

Die Rosen blühten diesmal prachtvoll. Das kleine Mädchen hatte in diesem Sommer ein Lied gelernt, in dem auch von Rosen die Rede war, und bei den Rosen dachte sie an ihre eigenen, und sie sang es dem kleinen Knaben vor, und er sang mit:

»Die Rosen, die blühn und verwehn,
Wir werden den Weihnachtsbaum sehn!«

Und die Kleinen hielten einander bei den Händen, küssten die Rosen und blickten in Gottes klaren Sonnenschein. Was waren das für herrliche Sommertage, wie schön war es draußen bei den frischen Rosenstöcken, die mit dem Blühen nie aufhören wollten!

Kai und Gerda saßen und blickten in das Bilderbuch mit Tieren und Vögeln, da war es – die Uhr schlug gerade fünf auf dem großen Kirchturme –, dass Kai sagte: »Au, es stach mir ins Herz! Und nun flog mir etwas ins Auge!«

Das kleine Mädchen war erschrocken und wollte ihm helfen; es nahm ihn um den Hals, er blinzelte ein wenig mit den Augen, aber es war gar nichts zu sehen.

»Ich glaube, es ist fort!«, sagte er; aber weg war es nicht. Es war eins von den Glaskörnern, das vom Zauberspiegel gesprungen war, der alles Große und Gute, was sich darin abspiegelte, klein und hässlich machte, aber das Böse und Schlechte trat ordentlich hervor, und jeder Fehler an einer Sache war gleich zu bemerken. Der arme Kerl hatte auch ein Korn gerade in das Herz hinein bekommen. Das wird nun bald wie ein Eisklumpen werden. Nun tat es nicht mehr wehe, aber es war da.

»Weshalb weinst du?«, fragte er. »So siehst du hässlich aus! Mir fehlt ja nichts! Pfui!«, rief er auf einmal, »die Rose dort hat einen Wurmstich! Und sieh, diese da ist ja ganz schief! Im Grunde sind es hässliche Rosen, sie gleichen dem Kasten, in dem sie stehen!«, und dann stieß er mit dem Fuß gegen den Kasten und riss die beiden Rosen ab.

»Kai, was machst du?«, rief das Mädchen; und als er ihren Schreck gewahr wurde, riss er noch eine Rose ab und lief dann in sein Fenster hinein, von der kleinen, lieblichen Gerda fort.

Wenn sie später mit dem Bilderbuche kam, dann sagte er, dass das für Säuglinge sei, und erzählte die Großmutter Geschichten, so kam er immer mit einem Aber. Ja, konnte er dazugelangen, dann ging er hinter ihr her, setzte eine Brille auf und sprach ebenso wie sie; das machte er ganz treffend, und dann lachten die Leute über ihn. Bald konnte er allen Menschen in der ganzen Straße nachsprechen und nachgehen. Alles, was ihnen eigen und unschön war, das wusste Kai nachzumachen, und dann sagten die Leute: »Das ist sicher ein ausgezeichneter Kopf, den der Knabe hat!« Aber das war das Glas, was ihm ins Auge gekommen war, das Glas, das ihm im Herzen saß; daher kam es, dass er selbst die kleine Gerda neckte, die ihm von ganzen Herzen gut war.

Seine Spiele wurden nun ganz anders als früher, sie wurden ganz verständig! An einem Wintertage, als es schneite, kam er mit einem großen Brennglase, hielt seinen blauen Rockzipfel hinaus und ließ die Schneeflocken darauf fallen.

»Sieh nun in das Glas, Gerda!«, sagte er, und jede Schneeflocke wurde viel größer und sah aus wie eine prächtige Blume oder ein sechseckiger Stern; es war schön anzusehen. »Siehst du, wie künstlich!«, sagte Kai. »Das ist weit hübscher als die wirklichen Blumen, und es ist kein einziger Fehler daran, sie sind ganz regelmäßig, wenn sie nur nicht schmelzen würden!«

Bald darauf kam Kai mit großen Handschuhen und seinem Schlitten auf dem Rücken und rief Gerda in die Ohren: »Ich habe Erlaubnis erhalten, auf den großen Platz zu fahren, wo die andern Knaben spielen!« Und weg war er.

Dort auf dem Platze banden oft die kecksten Knaben ihre Schlitten an die Wagen der Landleute fest, und dann fuhren sie ein gutes Stück Weges mit. Das ging prächtig. Als sie im besten Spielen waren, da kam ein großer Schlitten, der war ganz weiß angestrichen, und darin saß jemand in einen rauen, weißen Pelz gehüllt und mit einer weißen, rauen Mütze. Der Schlitten fuhr zweimal um den Platz herum, und Kai band seinen kleinen Schlitten schnell daran fest, und nun fuhr er mit. Es ging rascher und rascher, gerade hinein in die nächste Straße. Der Kutscher wendete das Haupt und nickte dem Knaben freundlich zu, es war gerade, als ob sie einander kannten, und jedes Mal, wenn Kai seinen Schlitten ablösen wollte, nickte die Person wieder, und dann blieb Kai sitzen. Sie fuhren endlich zum Stadttor hinaus, da begann der Schnee so stark herniederzufallen, dass der kleine Knabe keine Hand vor sich erblicken konnte, aber er fuhr davon. Da ließ er schnell die Schnur los, um von dem großen Schlitten freizukommen, aber das half nichts, sein kleines Fahrzeug hing fest, und es ging mit Windeseile. Da rief er ganz laut, aber niemand hörte ihn, der Schnee trieb, und der Schlitten flog dahin; mitunter gab es einen Sprung, es war, als führe er über Gräben und Hecken. Kai war ganz erschrocken, er wollte beten, aber er konnte sich nur des großen Einmaleins entsinnen.

Die Schneeflocken wurden größer und größer, zuletzt sahen sie aus wie große, weiße Hühner; auf einmal sprangen sie zur Seite, der große Schlitten hielt, und die Person, die ihn fuhr, erhob sich. Pelze und Mütze waren ganz und gar von Schnee, es war eine Dame, hoch und schlank, glänzend weiß, es war die Schneekönigin.

»Wir sind gut gefahren!«, sagte sie, »aber wer wird frieren! Krieche in meinen Bärenpelz!« Sie setzte ihn neben sich in den Schlitten, schlug den Pelz um ihn, und es war, als versinke er in einem Schneetreiben.

»Friert dich noch?«, fragte sie, und dann küsste sie ihn auf die Stirn. Oh, das war kälter als Eis, das ging ihm gerade hinein bis an sein Herz, das ja doch zur Hälfte ein Eisklumpen war. Es war, als sollte er sterben, aber nur einen Augenblick, dann tat es ihm gerade recht wohl; er spürte nichts mehr von der Kälte ringsumher.

»Meinen Schlitten! Vergiss nicht meinen Schlitten!« Daran dachte er zuerst, und der wurde an eines der weißen Hühner festgebunden. Das flog hinterher, mit dem Schlitten auf dem Rücken. Die Schneekönigin küsste Kai nochmals, und dann hatte er die kleine Gerda, die Großmutter und alle daheim vergessen.

»Nun bekommst du keine Küsse mehr«, sagte sie, »denn sonst küsse ich dich tot!«

Kai sah sie an, sie war sehr schön, ein klügeres, lieblicheres Antlitz konnte er sich nicht denken. Sie erschien ihm nun nicht von Eis wie damals, als sie draußen vor dem Fenster saß und ihm winkte; in seinen Augen war sie vollkommen, er fühlte gar keine Furcht; er erzählte ihr, dass er im Kopfe rechnen könnte, und zwar mit Brüchen, er wisse die Größe des Landes und die Einwohnerzahl, und sie lächelte immer. Das kam ihm vor, als wäre es noch nicht genug, was er wisse, und er blickte hinauf in den großen, großen Luftraum, und sie flog mit ihm, flog hoch hinauf in die schwarze Wolke, und der Sturm sauste und brauste, es war, als sänge er alte Lieder.

Sie flogen über Wälder und Seen, über Meere und Länder; unter ihnen sauste der kalte Wind, die Wölfe heulten, der Schnee funkelte, über ihnen flogen die schwarzen, schreienden Krähen dahin, aber hoch oben schien der Mond groß und klar, und den betrachtete Kai die lange, lange Winternacht; am Tage schlief er zu den Füßen der Schneekönigin.

Dritte Geschichte
Der Blumengarten bei der Frau, die zaubern konnte

Aber wie erging es der kleinen Gerda, als Kai nicht zurückkehrte? Wo war er doch geblieben? – Niemand wusste es, niemand konnte Bescheid geben. Die Knaben erzählten nur, dass sie ihn seinen Schlitten an einen prächtig großen hatten binden sehen, der in die Straße hinein und aus dem Stadttore gefahren sei. Niemand wusste, wo er war, viele Tränen flossen, die kleine Gerda weinte viel und lange; dann sagten sie, er sei tot, er sei im Flusse versunken, der nahe bei der Stadt vorbeifloss. Oh, das waren recht lange, finstere Wintertage.

Nun kam der Frühling mit warmem Sonnenschein.

»Kai ist tot!«, sagte die kleine Gerda.

»Das glaube ich nicht!«, sagte der Sonnenschein.

»Er ist tot!«, sagte sie zu den Schwalben.

»Das glauben wir nicht!«, erwiderten die, und am Ende glaubte die kleine Gerda es auch nicht.

»Ich will meine neuen, roten Schuhe anziehen«, sagte sie eines Morgens, »die Kai noch nie gesehen hat, und dann will ich zum Flusse hinuntergehen und den nach ihm fragen!«

Es war noch ganz früh, sie küsste die alte Großmutter, die noch schlief, zog die roten Schuhe an und ging ganz allein aus dem Stadttore zum Flusse.

»Ist es wahr, dass du meinen kleinen Spielkameraden genommen hast? Ich will dir meine roten Schuhe geben, wenn du mir ihn wiedergeben willst!«

Es kam ihr vor, als nickten die Wogen sonderbar; da nahm sie ihre roten Schuhe, das, was sie am liebsten hatte, und warf sie beide in den Fluss hinaus, aber sie fielen dicht an das Ufer, und die kleinen Wellen trugen sie ihr wieder an das Land. Es war, als wollte der Fluss das Liebste, was sie hatte, nicht nehmen, weil er den kleinen Kai ja nicht hatte. Gerda aber glaubte nun, dass sie die Schuhe nicht weit genug hinausgeworfen habe, und so kroch sie in ein Boot, das im Schilfe lag, ging ganz an das Ende und warf die Schuhe von da aus in das Wasser. Aber das Boot war nicht festgebunden, und bei der Bewegung, die sie verursachte, glitt es vom Lande ab. Sie bemerkte es und beeilte sich fortzukommen, aber ehe sie zurückkam, war das Boot weit vom Lande, und nun trieb es schneller dahin.

Da wurde die kleine Gerda ganz ängstlich und fing an zu weinen; aber niemand außer den Sperlingen hörte sie, und die konnten sie nicht an das Land tragen, aber sie flogen längs dem Ufer und zwitscherten gleichsam, um sie zu trösten: »Hier sind wir, hier sind wir!« Das Boot trieb mit dem Strome; die kleine Gerda saß ganz still in bloßen Strümpfen; ihre kleinen, roten Schuhe trieben hinterher, aber sie konnten das Boot nicht erreichen, das hatte stärkere Fahrt.

Hübsch war es an beiden Ufern, schöne Blumen, alte Bäume und Abhänge mit Schafen und Kühen, aber nicht ein Mensch war zu erblicken.

›Vielleicht trägt mich der Fluss zu dem kleinen Kai hin!‹, dachte Gerda, und da wurde sie heiter, erhob sich und betrachtete viele Stunden die schönen, grünen Ufer; dann gelangte sie zu einem großen Kirschengarten, in dem ein kleines Haus mit sonderbar roten und blauen Fenstern war. Dazu hatte es ein Strohdach, und draußen standen zwei hölzerne Soldaten, die vor den Vorbeisegelnden das Gewehr schulterten.

Gerda rief nach ihnen; sie glaubte, dass sie lebend seien, aber sie antworteten natürlich nicht; sie kam ihnen ganz nahe, der Fluss trieb das Boot gerade auf das Land zu.

Gerda rief noch lauter, und da kam eine alte, alte Frau aus dem Hause, die sich auf einen Krückstock stützte; sie hatte einen großen Sonnenhut auf, und der war mit den schönsten Blumen bemalt.

»Du kleines, armes Kind!«, sagte die alte Frau. »Wie bist du doch auf den großen, reißenden Strom gekommen und weit in die Welt hinausgetrieben?« Und dann ging die alte Frau ans Wasser, erfasste mit ihrem Krückstock das Boot, zog es ans Land und hob Gerda heraus. Diese war froh, wieder auf das Trockene zu gelangen, obgleich sie sich vor der alten Frau ein wenig fürchtete.

»Komm, erzähle mir, wer du bist und wie du hierher kommst!«, sagte sie.

Gerda erzählte ihr alles; und die Alte schüttelte den Kopf und sagte: »Hm! hm!«, und als ihr Gerda alles gesagt und gefragt hatte, ob sie nicht den kleinen Kai gesehen habe, sagte die Frau, dass er nicht vorbeigekommen sei, aber er komme wohl noch, sie solle nur nicht betrübt sein, sondern die Kirschen kosten, ihre Blumen betrachten, die seien schöner als irgendein Bilderbuch, eine jede könne eine Geschichte erzählen. Da nahm sie Gerda bei der Hand, sie gingen in das kleine Haus hinein, und die alte Frau schloss die Tür zu.

Die Fenster lagen sehr hoch, und die Scheiben waren rot, blau und gelb, und das Tageslicht schien ganz sonderbar herein; aber auf dem Tische standen die schönsten Kirschen, und Gerda aß davon, so viel sie wollte, denn das war ihr erlaubt. Während sie speiste, kämmte die alte Frau ihr Haar mit einem goldenen Kamme, und das Haar ringelte sich und glänzte herrlich gelb rings um das kleine, freundliche Antlitz, das frisch wie eine Rose aussah.

»Nach einem so lieben kleinen Mädchen habe ich mich schon lange gesehnt!«, sagte die Alte. »Nun wirst du sehen, wie gut wir miteinander leben werden!« Und so wie sie der kleinen Gerda das Haar kämmte, vergaß diese mehr und mehr ihren Kameraden Kai, denn die alte Frau konnte zaubern, aber eine böse Zauberin war sie nicht. Sie zauberte nur ein bisschen zu ihrem eigenen Vergnügen und wollte gern die kleine Gerda behalten. Deshalb ging sie hinaus in den Garten, streckte ihren Krückstock gegen alle Rosensträucher aus, und wie schön sie auch blühten, so sanken sie alle in die schwarze Erde hinunter, und man konnte nicht sehen, wo sie gestanden hatten. Die Alte fürchtete, dass Gerda, wenn sie die Rosen erblickte, an ihre eigenen denken, sich dann des kleinen Kai erinnern und davonlaufen würde.

Nun führte sie Gerda in den Blumengarten. Was war da für ein Duft und eine Herrlichkeit! Alle nur denkbaren Blumen, für jede Jahreszeit, standen hier in der prächtigsten Blüte; kein Bilderbuch konnte hübscher und bunter sein. Gerda sprang vor Freude und spielte, bis die Sonne hinter den hohen Kirschbäumen unterging, dann bekam sie ein schönes Bett mit roten Seidenkissen, die mit Veilchen gestopft waren, und sie schlief und träumte da so herrlich wie nur eine Königin an ihrem Hochzeitstage.

Am nächsten Tage konnte sie wieder mit den Blumen im warmen Sonnenschein spielen. So verflossen viele Tage. Gerda kannte jede Blume, aber wie viele es auch waren, so war es ihr doch, als ob eine fehle. Welche, das wusste sie nicht. Da saß sie eines Tages und betrachtete den Sonnenhut der alten Frau mit den gemalten Blumen, und gerade die schönste darunter war eine Rose. Die Alte hatte vergessen, die vom Hute wegzuwischen, als sie die anderen Rosen in die Erde verbannte. Aber so ist es, wenn man die Gedanken nicht immer gesammelt hat! »Was!«, sagte Gerda, »sind hier keine Rosen?«, und sprang zwischen die Beete, suchte und suchte, aber da waren keine zu finden. Da setzte sie sich hin und weinte; aber ihre Tränen fielen gerade auf eine Stelle, wo ein Rosenstrauch versunken war, und als die warmen Tränen die Erde benetzten, schoss der Strauch auf einmal empor, so blühend er versunken war. Gerda umarmte ihn, küsste die Blüten und gedachte der herrlichen Rosen daheim und auch des kleinen Kai.

»Oh, wie bin ich aufgehalten worden!«, sagte das kleine Mädchen. »Ich wollte ja den kleinen Kai suchen! – Wisst ihr nicht, wo er ist?«, fragte sie die Rosen. »Glaubt ihr, er sei tot?«

»Tot ist er nicht«, sagten die Rosen. »Wir sind ja in der Erde gewesen, dort sind ja alle die Toten, aber Kai war nicht da!«

»Ich danke euch!«, sagte die kleine Gerda, und sie ging zu den andern Blumen hin, sah in deren Kelch hinein und fragte: »Wisst ihr nicht, wo der kleine Kai ist?«

Aber jede Blume stand in der Sonne und träumte ihr eigenes Märchen oder Geschichtchen, aber keine wusste etwas von Kai.

»Es nützt zu nichts, dass ich die Blumen frage«, sagte Gerda, »die wissen nur ihr eigenes Lied, sie geben mir keinen Bescheid!« Und dann band sie ihr kleines Kleid auf, damit sie rascher gehen könne, und dann lief sie nach dem Ende des Gartens.

Die Tür war verschlossen, aber sie drückte auf die verrostete Klinke, so dass diese losging – die Tür sprang auf, und da lief die kleine Gerda mit bloßen Füßen in die weite Welt hinaus. Sie blickte dreimal zurück, aber da war niemand, der sie verfolgte. Zuletzt konnte sie nicht mehr gehen und setzte sich auf einen großen Stein, und als sie ringsum sah, war der Sommer vorbei, es war Spätherbst, das konnte man in dem schönen Garten gar nicht bemerken, wo immer Sonnenschein und Blumen aller Jahreszeiten gewesen waren.

»Gott, wie habe ich mich verspätet!«, sagte die kleine Gerda. »Es ist ja Herbst geworden, da darf ich nicht ruhen!«, und sie erhob sich, um weiterzugehen.

Oh, wie waren die kleinen Füße wund und müde! Ringsumher sah es kalt und rau aus; die langen Weidenblätter waren ganz gelb, und der Tau tröpfelte als Wasser herab, ein Blatt fiel nach dem andern ab, nur der Schlehendorn trug noch Früchte, aber die waren herb und zogen Gerda den Mund zusammen. Oh, wie war es grau und schwer in der weiten Welt!

Vierte Geschichte
Prinz und Prinzessin

Gerda musste wieder ausruhen. Da hüpfte dort auf dem Schnee, der Stelle, wo sie saß, gerade gegenüber, eine große Krähe, die hatte lange gesessen, sie betrachtet und mit dem Kopfe gewackelt; nun sagte sie: »Kra, kra! – Gut' Tag, gut' Tag!« Besser konnte sie es herausbringen, aber sie meinte es gut mit dem kleinen Mädchen und fragte, wohin sie allein in die weite Welt hinausgehe. Das Wort ›allein‹ verstand Gerda sehr wohl und fühlte recht, wie viel darin lag, und dann erzählte sie der Krähe ihr ganzes Leben und Geschick und fragte, ob sie Kai nicht gesehen habe.

Die Krähe nickte ganz bedächtig und sagte: »Das könnte sein!« »Wie? Glaubst du?«, rief das kleine Mädchen, küsste die Krähe und hätte sie aus Freude fast totgedrückt.

»Vernünftig, vernünftig!«, sagte die Krähe. »Ich glaube, ich weiß – ich glaube, es kann der kleine Kai sein! Aber nun hat er dich sicher über der Prinzessin vergessen!«

»Wohnt er bei einer Prinzessin?«, fragte Gerda.

»Ja, höre!«, sagte die Krähe. »Aber es fällt mir schwer, deine Sprache zu reden. Verstehst du die Krähensprache, dann will ich besser erzählen?«

»Nein, die habe ich nicht gelernt!«, sagte Gerda.

»Schadet gar nichts!«, sagte die Krähe. »Ich werde erzählen, so gut ich kann, aber schlecht wird es immer!« Dann erzählte sie, was sie wusste.

»In diesem Königreich, in dem wir jetzt sitzen, wohnt eine Prinzessin, die ist ganz außerordentlich klug, aber sie hat auch alle Zeitungen, die es in der Welt gibt, gelesen und wieder vergessen, so klug ist sie. Vor Kurzem saß sie auf dem Throne, und das ist doch nicht angenehm, sagt man, da fing sie an, ein Lied zu singen: ›Weshalb sollte ich mich nicht verheiraten?‹ ›Höre, da ist etwas daran‹, sagte sie, und so wollte sie sich verheiraten, aber sie wollte einen Mann haben, der zu antworten verstand, wenn man mit ihm sprach, einen, der nicht nur stand und vornehm aussah, denn das ist zu langweilig. Nun ließ sie alle Hofdamen zusammentrommeln, und als diese hörten, was sie wollte, wurden sie sehr vergnügt. ›Das mag ich leiden!‹, sagten sie, ›daran dachte ich neulich auch!‹ – Du kannst glauben, dass jedes Wort, was ich sage, wahr ist!«, sagte die

Krähe. »Ich habe eine zahme Geliebte, die geht frei im Schlosse umher, und die hat mir alles erzählt!«

Die Geliebte war natürlicherweise auch eine Krähe. Denn eine Krähe sucht die andere, und das bleibt immer eine Krähe.

»Die Zeitungen kamen sogleich mit einem Rande von Herzen und der Prinzessin Namenszug heraus. Man konnte darin lesen, dass es jedem jungen Mann, der gut aussah, freistehe, auf das Schloss zu kommen und mit der Prinzessin zu sprechen, und derjenige, der rede, dass man hören könne, er sei dort zu Hause, und der am besten spreche, den wolle die Prinzessin zum Mann nehmen! – Ja, ja!«, sagte die Krähe, »du kannst es mir glauben, es ist so gewiss wahr, als ich hier sitze. Die Leute strömten herzu, da war ein Gedränge und ein Laufen, aber es glückte nicht, weder den ersten noch den zweiten Tag. Sie konnten alle gut sprechen, wenn sie draußen auf der Straße waren, aber wenn sie in das Schlosstor traten und sahen die Wachen in Silber und die Treppen hinauf die Diener in Gold und die großen, erleuchteten Säle dann wurden sie verwirrt; und standen sie vor dem Throne, wo die Prinzessin saß, dann wussten sie nichts zu sagen als das letzte Wort, was sie gesprochen hatte, und sie kümmerte sich nicht darum, das noch einmal zu hören.

Es war gerade, als ob die Leute in den Schlaf gefallen wären, bis sie wieder auf die Straße kamen; dann konnten sie wieder sprechen.

Da stand eine ganze Reihe vom Stadttor an bis zum Schloss. Ich war selbst drinnen, um es zu sehen!«, sagte die Krähe. »Sie wurden sowohl hungrig wie durstig! Aber auf dem Schloss erhielten sie nicht einmal ein Glas Wasser. Zwar hatten einige der Klügsten Butterbrote mitgenommen, aber sie teilten nicht mit ihrem Nachbarn, sie dachten: ›Lass ihn nur hungrig aussehen, dann nimmt die Prinzessin ihn nicht!‹«

»Aber Kai, der kleine Kai?«, fragte Gerda. »Wann kam der? War er unter der Menge?«

»Warte, warte, nun sind wir gerade bei ihm! Es war am dritten Tag, da kam eine kleine Person, ohne Pferd oder Wagen, ganz fröhlich gerade auf das Schloss marschiert; seine Augen glänzten wie deine, er hatte schöne, lange Haare, aber sonst ärmliche Kleider.«

»Das war Kai!«, jubelte Gerda. »Oh, dann habe ich ihn gefunden!« Und dann klatschte sie in die Hände.

»Er hatte ein kleines Ränzel auf dem Rücken!«, sagte die Krähe.

»Nein, das war sicher sein Schlitten«, sagte Gerda, »denn mit dem Schlitten ging er fort!«

»Das kann wohl sein«, sagte die Krähe, »ich sah nicht so genau danach; aber das weiß ich von meiner zahmen Geliebten, dass, wie er in das Schlosstor kam und die Leibwache in Silber und die Treppe hinauf die Diener in Gold sah, er nicht im Mindesten verlegen wurde, nickte und zu ihnen sagte: ›Das muss langweilig sein, auf der Treppe zu stehen, ich gehe lieber hinein!‹ Da glänzten die Säle von Lichtern; Geheimräte und Staatsräte gingen auf leisen Füßen und trugen Goldgefäße; man konnte wohl bedenklich werden; seine Stiefel knarrten gewaltig laut, aber ihm wurde doch nicht bange!«

»Das ist ganz gewiss Kai!«, sagte Gerda. »Ich weiß, er hatte neue Stiefel, ich habe sie in der Großmutter Stube knarren hören!«

»Ja, sie knarrten«, sagte die Krähe, »und fröhlich ging er gerade zur Prinzessin hinein, die auf einer großen Perle saß, so groß wie ein Spinnrad. Alle Hofdamen mit ihren Jungfern und den Jungfern der Jungfern, und alle Ritter mit ihren Dienern und den Dienern der Diener, die wieder einen Burschen hielten, standen ringsherum aufgestellt; und je näher sie der Tür standen, desto stolzer sahen sie aus. Den Burschen von des Dieners Diener, der immer in Pantoffeln geht, darf man kaum anzusehen wagen, so stolz steht er in der Tür.«

»Das muss gräulich sein!«, sagte die kleine Gerda. »Und Kai hat doch die Prinzessin erhalten?«

»Wäre ich nicht Krähe gewesen, so hätte ich sie genommen, und das, ungeachtet ich verlobt bin. Er soll ebenso gut gesprochen haben, wie ich spreche, wenn ich die Krähensprache rede, das habe ich von meiner zahmen Geliebten gehört. Er war fröhlich und niedlich; er war gar nicht gekommen zum Freien, sondern nur, um der Prinzessin Klugheit zu hören, und die fand er gut, und sie fand ihn wieder gut.«

»Ja, sicher, das war Kai!«, sagte Gerda. »Er war so klug, er konnte mit Brüchen kopfrechnen! – Oh, willst du mich nicht auf dem Schlosse einführen?«

»Ja, das ist leicht gesagt!«, sagte die Krähe. »Aber wie machen wir das? Ich werde darüber mit meiner zahmen Geliebten sprechen; sie kann uns wohl Rat erteilen; denn das muss ich dir sagen, so ein kleines Mädchen wie du bekommt nie Erlaubnis hineinzukommen!«

»Ja, die erhalte ich!«, sagte Gerda. »Wenn Kai hört, dass ich da bin, kommt er sogleich heraus und holt mich!«

»Erwarte mich dort am Gitter!«, sagte die Krähe, wackelte mit dem Kopf und flog davon.

Erst als es spät am Abend war, kehrte die Krähe zurück. »Rar, rar!«, sagte sie. »Ich soll dich vielmal von ihr grüßen, und hier ist ein kleines Brot für dich, das nahm sie aus der Küche, da ist Brot genug, und du bist sicher hungrig! – Es ist nicht möglich, dass du in das Schloss hineinkommst. Du hast ja bloße Füße. Die Wachen in Silber und die Diener in Gold würden es nicht erlauben. Aber weine nicht, du sollst schon hinaufkommen. Meine Geliebte kennt eine kleine Hintertreppe, die zum Schlafgemach führt, und sie weiß, wo sie den Schlüssel erhalten kann.«

Sie gingen in den Garten hinein, in die große Allee, wo ein Blatt nach dem andern abfiel, und als auf dem Schlosse die Lichter ausgelöscht wurden, eines nach dem andern, führte die Krähe die kleine Gerda zu einer Hintertür, die angelehnt stand.

Oh, wie Gerdas Herz vor Angst und Sehnsucht pochte! Es war ihr, als ob sie etwas Böses tun wollte, und sie wollte ja doch nur wissen, ob der kleine Kai da sei. Ja, er musste hier sein; sie gedachte ganz deutlich seiner klaren Augen, seines langen Haares; sie konnte ihn lächeln sehen wie damals, als sie daheim unter den Rosen saßen. Er würde sicher froh sein, sie zu erblicken, zu hören, welch langen Weg sie um seinetwillen zurückgelegt, zu wissen, wie betrübt sie alle daheim gewesen, als er nicht wiedergekommen. Oh, das war eine Furcht und eine Freude! Nun waren sie auf der Treppe. Da brannte eine kleine Lampe auf einem Schranke, und mitten auf dem Fußboden stand die zahme Krähe und wendete den Kopf nach allen Seiten und betrachtete Gerda, die sich verneigte, wie die Großmutter sie gelehrt hatte.

»Mein Verlobter hat mir sehr viel Gutes von Ihnen gesagt, mein kleines Fräulein«, sagte die zahme Krähe, »Ihr Lebenslauf ist auch sehr rührend! – Wollen Sie die Lampe nehmen, dann werde ich vorangehen. Wir gehen hier den geraden Weg, denn da begegnen wir niemand!«

»Es ist mir, als käme gerade jemand hinter uns!«, sagte Gerda, und es sauste an ihr vorbei; es war wie Schatten an der Wand entlang, Pferde mit fliegenden Mähnen, Jägerburschen, Herren und Damen zu Pferde.

»Das sind nur Träume!«, sagte die Krähe, »die kommen und holen der hohen Herrschaft Gedanken zur Jagd ab. Das ist recht gut, dann können Sie sie besser im Bette betrachten. Aber ich hoffe, wenn Sie zu Ehren und Würden gelangen, dass Sie dann ein dankbares Herz zeigen werden.«

»Darüber bedarf es keiner Worte!«, sagte die Krähe vom Wald. Nun kamen sie in den ersten Saal, der war von rosenrotem Atlas, mit künstlichen Blumen an den Wänden hinauf. Hier sausten die Träume schon an ihnen vorüber, aber sie fuhren so schnell, dass Gerda nicht die hohen Herrschaften zu sehen bekam. Ein Saal war immer prächtiger als der andere, ja, man konnte wohl betäubt werden, und nun waren sie im Schlafgemach. Die Decke hier glich einer großen Palme mit Blättern von kostbarem Glas, und mitten auf dem Fußboden hingen an einem dicken Stängel von Gold zwei Betten, von denen jedes wie eine Lilie aussah. Das eine Bett war weiß, in diesem lag die Prinzessin; das andere war rot, und in diesem sollte Gerda den kleinen Kai suchen. Sie bog eines der roten Blätter zur Seite, und da sah sie einen braunen Nacken. – Oh, das war Kai! – Sie rief ganz laut seinen Namen, hielt die Lampe gegen ihn hin – die Träume sausten zu Pferde wieder in die Stube herein – er erwachte, wendete das Haupt und – es war nicht der kleine Kai.

Der Prinz glich ihm nur im Nacken, aber jung und hübsch war er. Und aus dem weißen Lilienblatt blinzelte die Prinzessin hervor und fragte, was das sei. Da weinte die kleine Gerda und erzählte ihre ganze Geschichte und alles, was die Krähen für sie getan hatten.

»Du armes Kind!«, sagten der Prinz und die Prinzessin, belobten die Krähen und sagten, dass sie gar nicht böse auf sie seien, aber sie sollten es doch nicht wieder tun. Übrigens sollten sie eine Belohnung erhalten. »Wollt ihr frei fliegen?«, fragte die Prinzessin. »Oder wollt ihr feste Anstellung als Hofkrähen haben mit allem, was da in der Küche abfällt?«

Beide Krähen verneigten sich und baten um feste Anstellung, denn sie gedachten des Alters und sagten, es sei schön, etwas für das Alter zu haben.

Der Prinz stand aus seinem Bette auf und ließ Gerda darin schlafen, mehr konnte er wirklich nicht tun. Sie faltete ihre kleinen Hände und dachte: ›Wie gut sind die Menschen und die Tiere!‹, und dann schloss sie ihre Augen und schlief sanft. Alle Träume kamen wieder hereingeflogen, und da sahen sie wie Gottes Engel aus, und sie zogen einen kleinen Schlitten, auf dem Kai saß und nickte. Aber das Ganze war nur Traum.

Am nächsten Tage wurde sie von Kopf bis zu Fuß in Seide und Samt gekleidet; es wurde ihr angeboten, auf dem Schloss zu bleiben und gute Tage zu genießen, aber sie bat nur um einen kleinen Wagen mit einem Pferd davor und um ein Paar Schuhe, dann wollte sie wieder in die weite Welt hinausfahren und Kai suchen.

Sie erhielt sowohl Schuhe und Muff, sie wurde niedlich gekleidet, und als sie fortwollte, hielt vor der Tür eine neue Kutsche von reinem Gold; des Prinzen und der Prinzessin Wappen glänzte an ihr wie ein Stern. Kutscher, Diener und Vorreiter, denn da waren auch Vorreiter, saßen mit Goldkronen auf dem Kopfe. Der Prinz und die Prinzessin halfen ihr selbst in den Wagen und wünschten ihr alles Glück. Die Waldkrähe, die nun verheiratet war, begleitete sie die ersten drei Meilen; sie saß ihr zur Seite, denn sie konnte nicht ertragen, rückwärts zu fahren. Die andere Krähe stand in der Tür und schlug mit den Flügeln, sie kam nicht mit, denn sie litt an Kopfschmerzen, seitdem sie feste Anstellung und zu viel zu essen erhalten hatte. Inwendig war die Kutsche mit Zuckerbrezen gefüttert, und im Sitze waren Früchte und Pfeffernüsse.

»Lebe wohl! Lebe wohl!«, riefen der Prinz und die Prinzessin, die kleine Gerda weinte, und die Krähe weinte auch. – So ging es die ersten Meilen, da sagte auch die Krähe Lebewohl, und das war der schwerste Abschied. Sie flog auf einen Baum und schlug mit ihren schwarzen Flügeln, solange sie den Wagen, der wie der klare Sonnenschein glänzte, erblicken konnte.

Fünfte Geschichte
Das kleine Räubermädchen

Sie fuhren durch den dunkeln Wald, aber die Kutsche leuchtete gleich einer Fackel. Das stach den Räubern in die Augen, das konnten sie nicht ertragen. »Das ist Gold, das ist Gold!«, riefen sie, stürzten hervor, ergriffen die Pferde, schlugen die kleinen Vorreiter, den Kutscher und die Diener tot und zogen nun die kleine Gerda aus dem Wagen.

»Sie ist fett, sie ist niedlich, sie ist mit Nusskernen gefüttert!«, sagte das alte Räuberweib, die einen struppigen Bart und Augenbrauen hatte, die ihr über die Augen herabhingen. »Das ist so gut wie ein kleines, fettes Lamm! Na, wie soll die schmecken!« Und dann zog sie ihr blankes Messer heraus, und das glänzte, dass es gräulich war.

»Au!«, sagte das Weib zu gleicher Zeit, denn sie wurde von ihrer eigenen Tochter, die auf ihrem Rücken hing, so wild und unartig, dass es eine Lust war, in das Ohr gebissen.

»Du hässlicher Balg!«, sagte die Mutter und kam nicht dazu, Gerda zu schlachten.

»Sie soll mit mir spielen!«, sagte das kleine Räubermädchen.

»Sie soll mir ihren Muff, ihr hübsches Kleid geben, bei mir in meinem Bett schlafen!«, und dabei biss sie wieder, dass das Räuberweib in die Höhe sprang und sich ringsherum drehte, und alle Räuber lachten und sagten: »Sieh, wie sie mit ihrem Jungen tanzt!«

»Ich will in den Wagen hinein!« Und sie musste und wollte ihren Willen haben, denn sie war verzogen und hartnäckig. Sie und Gerda saßen darinnen, und so fuhren sie über Stock und Stein tiefer in den Wald hinein. Das kleine Räubermädchen war so groß wie Gerda, aber stärker, breitschultriger und von dunkler Haut. Die Augen waren ganz schwarz, sie sahen fast traurig aus. Sie nahm die kleine Gerda um den Leib und sagte: »Sie sollen dich nicht schlachten, solange ich dir nicht böse werde! Du bist wohl eine Prinzessin?«

»Nein!«, sagte Gerda und erzählte ihr alles, was sie erlebt hatte und wie viel sie vom kleinen Kai hielt.

Das Räubermädchen betrachtete sie ganz ernsthaft, nickte ein wenig mit dem Kopfe und sagte: »Sie sollen dich nicht schlachten, selbst wenn ich dir böse werde, dann werde ich es schon selbst tun!«, und dann trocknete sie Gerdas Augen und steckte ihre beiden Hände in den schönen Muff, der weich und warm war.

Nun hielt die Kutsche still; sie waren mitten auf dem Hofe eines Räuberschlosses, das von oben bis unten auseinander geborsten war. Raben und Krähen flogen aus den offenen Löchern, und die großen Bullenbeißer, von denen ein jeder aussah, als könne er einen Menschen verschlingen, sprangen hoch empor, aber sie bellten nicht, denn das war verboten.

In dem großen, alten, verräucherten Saale brannte mitten auf dem steinernen Fußboden ein großes Feuer; der Rauch zog unter der Decke hin und musste sich selbst den Ausweg suchen; ein großer Braukessel mit Suppe kochte, und Hasen und Kaninchen wurden an Spießen gebraten.

»Du sollst diese Nacht mit mir bei allen meinen kleinen Tieren schlafen!«, sagte das Räubermädchen. Sie bekamen zu essen und zu trinken und gingen dann nach einer Ecke, wo Stroh und Teppiche lagen. Oben darüber saßen auf Latten und Stäben mehr als hundert Tauben, die alle zu schlafen schienen, sich aber doch ein wenig drehten, als die beiden kleinen Mädchen kamen.

»Die gehören mir alle!«, sagte das kleine Räubermädchen und ergriff eine der Nächsten, hielt sie bei den Füßen und schüttelte sie, dass sie mit den Flügeln schlug. »Küsse sie!«, rief sie und schlug sie ihr ins Gesicht. »Da sitzen die Waldtauben!«, fuhr sie fort und zeigte hinter eine Anzahl Stäbe, die vor einem Loche oben in die Mauer eingeschlagen waren. »Das sind Waldtauben, die beiden, die fliegen gleich fort, wenn man sie nicht ordentlich eingeschlossen hält; und hier steht mein alter, liebster Bä!«, und damit zog sie ein Rentier am Horn, das einen kupfernen Ring um den Hals trug und angebunden war. »Den müssen wir auch in der Klemme halten, sonst springt er von uns fort. An jedem Abend kitzele ich ihn mit meinem scharfen Messer, davor fürchtet er sich!« Und das kleine Mädchen zog ein langes Messer aus einer Spalte in der Mauer und ließ es über des Rentiers Hals hingleiten. Das arme Tier schlug mit den Beinen aus, aber das kleine Räubermädchen lachte und zog dann Gerda mit in das Bett hinein.

»Willst du das Messer behalten, wenn du schläfst?«, fragte Gerda und blickte etwas furchtsam nach ihm.

»Ich schlafe immer mit dem Messer!«, sagte das kleine Räubermädchen. »Man weiß nie, was vorfallen kann. Aber erzähle mir nun wieder, was du mir vorhin von dem kleinen Kai erzähltest und weshalb du in die weite Welt hinausgegangen bist.« Gerda erzählte wieder von vorn an, und die Waldtauben knurrten oben im Käfig, und die andern Tauben schliefen. Das kleine Räubermädchen legte ihren Arm um Gerdas Hals, hielt das Messer in der andern Hand und schlief, dass man es hören konnte; aber Gerda konnte ihre Augen nicht schließen, sie wusste nicht, ob sie leben oder sterben würde. Die Räuber saßen rings um das Feuer, sangen und tranken, und das Räuberweib schoss Purzelbäume. Oh, es war für das kleine Mädchen ganz gräulich anzusehen.

Da sagten die Waldtauben: »Kurre, kurre! Wir haben den kleinen Kai gesehen. Ein weißes Huhn trug seinen Schlitten, er saß im Wagen der Schneekönigin, die dicht über den Wald hinfuhr, als wir im Neste lagen; sie blies auf uns Junge, und außer uns beiden starben alle; kurre, kurre!«

»Was sagt ihr dort oben?«, rief Gerda. »Wohin reiste die Schneekönigin?« »Sie reiste wahrscheinlich nach Lappland, denn dort ist immer Schnee und Eis! Frage das Rentier, das am Strick angebunden steht.«

»Dort ist Eis und Schnee, dort ist es herrlich und gut!«, sagte das Rentier; »dort springt man frei umher in den großen glänzenden Tälern; dort hat die Schneekönigin ihr Sommerzelt, aber ihr festes Schloss hat sie droben gegen den Nordpol, auf der Insel, die Spitzbergen genannt wird!«

»O Kai, kleiner Kai!«, seufzte Gerda.

»Nun musst du stillliegen«, sagte das Räubermädchen, »sonst stoße ich dir das Messer in den Leib!«

Am andern Morgen erzählte Gerda ihr alles, was die Waldtauben gesagt hatten. Das Räubermädchen sah ganz ernsthaft aus, nickte aber mit dem Kopf und sagte: »Das ist einerlei, das ist einerlei! – Weißt du, wo Lappland ist?«, fragte sie das Rentier.

»Wer könnte es wohl besser wissen als ich!«, sagte das Tier, und die Augen funkelten ihm im Kopfe. »Dort bin ich geboren und erzogen, dort bin ich auf den Schneefeldern herumgesprungen.«

»Höre!«, sagte das Räubermädchen zu Gerda, »du siehst, alle unsere Mannsleute sind fort, jedoch die Mutter ist noch hier, und sie bleibt zu Hause. Gegen Mittag aber trinkt sie aus der großen Flasche und schlummert dann ein wenig darauf – dann werde ich etwas für dich tun!« Nun sprang sie aus dem Bett, fuhr der Mutter um den Hals, zog sie am Knebelbart und sagte: »Mein einzig lieber Ziegenbock, guten Morgen!« Die Mutter gab ihr Nasenstüber, dass die Nase rot und blau wurde, aber alles aus lauter Liebe.

Als die Mutter dann aus der Flasche getrunken hatte und darauf einschlief, ging das Räubermädchen zum Rentier hin und sagte: »Ich könnte große Freude davon haben, dich noch manches Mal mit dem scharfen Messer zu kitzeln,

denn dann bist du so possierlich; aber das ist einerlei, ich will deine Schnur lösen und dir hinaushelfen, damit du nach Lappland laufen kannst. Du musst aber tüchtig springen und dieses kleine Mädchen zum Schloss der Schneekönigin bringen, wo ihr Spielkamerad ist. Du hast wohl gehört, was sie erzählte, denn sie sprach laut genug, und du lauschtest.«

Das Rentier sprang vor Freude hoch empor. Das Räubermädchen hob die kleine Gerda hinauf und hatte die Vorsicht, sie festzubinden, ja ihr sogar ein kleines Kissen zum Sitzen zu geben. »Das ist einerlei«, sagte sie, »da hast du deine Pelzschuhe, denn es wird kalt, aber den Muff behalte ich, der ist gar zu niedlich! Darum sollst du doch nicht frieren. Hier hast du meiner Mutter große Fausthandschuhe, die reichen dir gerade bis zum Ellenbogen hinauf; ziehe sie an! – Nun siehst du an den Händen gerade wie meine Mutter aus!« Gerda weinte vor Freude.

»Ich kann nicht leiden, dass du weinst!«, sagte das kleine Räubermädchen. »Nun musst du gerade recht froh aussehen; und da hast du zwei Brote und einen Schinken, dann wirst du nicht hungern.« Beides wurde hinten auf das Rentier gebunden; das kleine Räubermädchen öffnete die Tür, lockte alle großen Hunde herein, durchschnitt dann den Strick mit ihrem scharfen Messer und sagte zum Rentier: »Laufe, aber gib recht auf das kleine Mädchen Acht!«

Gerda streckte die beiden Hände mit den großen Fausthandschuhen gegen das Räubermädchen aus und sagte Lebewohl, und dann flog das Rentier über Stock und Stein davon, durch den großen Wald, über Sümpfe und Steppen, so viel es nur konnte.

Die Wölfe heulten, und die Raben schrien. Es war gerade, als sprühte der Himmel Feuer.

»Das sind meine alten Nordlichter!«, sagte das Rentier, »sieh, wie sie leuchten!« Und dann lief es noch schneller davon, Nacht und Tag. Die Brote wurden alle verzehrt und der Schinken auch, und dann waren sie in Lappland.

Sechste Geschichte
Die Lappin und die Finnin

Vor einem kleinen Hause hielten sie an, es war sehr ärmlich; das Dach ging bis zur Erde hinunter, und die Tür war so niedrig, dass die Familie auf dem Bauch kriechen musste, wenn sie heraus- oder hineinkommen wollte. Hier war außer einer alten Lappin, die bei einer Tranlampe Fische kochte, niemand zu Hause. Das Rentier erzählte Gerdas ganze Geschichte, aber zuerst seine eigene, denn diese erschien ihm weit wichtiger, und Gerda war von der Kälte so mitgenommen, dass sie nicht sprechen konnte.

»Ach, ihr Armen«, sagte die Lappin, »da habt ihr noch weit zu laufen! Ihr müsst über hundert Meilen weit nach Finnmarken hinein, denn dort wohnt die Schneekönigin auf dem Lande und brennt jeden Abend bengalische Flammen. Ich werde ein paar Worte auf einen trockenen Klippfisch schreiben, Papier habe ich nicht, den Fisch werde ich euch für die Finnin dort oben mitgeben; die kann euch besser Bescheid erteilen als ich.«

Und als Gerda nun erwärmt worden war und zu essen und zu trinken erhalten hatte, schrieb die Lappin ein paar Worte auf einen trockenen Klippfisch, bat Gerda, wohl darauf zu achten, band sie wieder auf das Rentier fest, und dieses sprang davon. Die ganze Nacht brannten die schönsten blauen Nordlichter – und dann kamen sie nach Finnland und klopften an den Schornstein der Finnin, denn sie hatte nicht einmal eine Tür.

Da war eine Hitze drinnen, so dass die Finnin selbst fast ganz nackt ging; sie war klein und dabei ganz schmutzig. Sie löste gleich die Kleider der kleinen Gerda auf, zog ihr die Fausthandschuhe und Stiefel aus, denn sonst wäre es ihr zu heiß geworden, legte dem Rentier ein Stück Eis auf den Kopf und las dann, was auf dem Klippfisch geschrieben stand. Sie las es dreimal, und dann wusste sie es auswendig und steckte den Fisch in den Suppenkessel, denn er konnte ja gut gegessen werden, und sie verschwendete nie etwas.

Nun erzählte das Rentier zuerst seine Geschichte, dann die der kleinen Gerda, und die Finnin blinzelte mit den klugen Augen, sagte aber nichts. »Du bist klug!«, sagte das Rentier. »Ich weiß, du kannst alle Winde der Welt in einen Zwirnsfaden zusammenbinden; wenn der Schiffer den einen Knoten löst, so erhält er guten Wind, löst er den andern, dann weht es scharf, und löst er den dritten und vierten, dann stürmt es, dass die Wälder umfallen. Willst du nicht dem kleinen Mädchen einen Trank geben, dass sie Zwölf-Männer-Kraft erhält und die Schneekönigin überwindet?«

»Zwölf-Männer-Kraft«, sagte die Finnin, »ja, das würde viel helfen!« Dann ging sie nach einem Brette, nahm ein großes, zusammengerolltes Fell hervor und rollte es auf. Da waren wunderbare Buchstaben darauf geschrieben, und die Finnin las, dass ihr das Wasser von der Stirn herunterlief.

Aber das Rentier bat so sehr für die kleine Gerda, und Gerda blickte die Finnin mit so bittenden Augen voller Tränen an, dass diese wieder mit den ihrigen zu blinzeln anfing und das Rentier in einen Winkel zog, wo sie ihm zuflüsterte, während es wieder frisches Eis auf den Kopf bekam:

»Der kleine Kai ist noch bei der Schneekönigin und findet dort alles nach seinem Geschmack und Gefallen, er glaubt, es sei der beste Ort in der Welt. Das kommt aber davon, weil er einen Glassplitter ins Herz und ein kleines Glaskörnchen ins Auge bekommen hat; die müssen zuerst heraus, sonst wird er nie ein guter Mensch, und die Schneekönigin wird die Gewalt über ihn behalten!«

»Aber kannst du nicht der kleinen Gerda etwas eingeben, so dass sie Gewalt über das Ganze erhält?«

»Ich kann ihr keine größere Gewalt geben, als sie schon besitzt! Siehst du nicht, wie groß diese ist? Siehst du nicht, wie Menschen und Tiere ihr dienen müssen, wie sie auf bloßen Füßen so gut in der Welt fortgekommen ist? Sie kann ihre Macht nicht von uns erhalten, diese sitzt in ihrem Herzen und besteht darin, dass sie ein liebes, unschuldiges Kind ist. Kann sie nicht selbst zur Schneekönigin hineingelangen und das Glas aus dem kleinen Kai bringen, dann können wir nicht helfen! Zwei Meilen von hier beginnt der Garten der Schneekönigin, dahin kannst du das kleine Mädchen tragen. Setze sie beim großen Busche ab, der mit roten Beeren im Schnee steht, verliere aber nicht viele Worte und spute dich, hierher zurückzukommen.« Damit hob die Finnin die kleine Gerda auf das Rentier, und das lief, was es konnte.

»Oh, ich bekam meine Schuhe nicht! Ich bekam meine Fausthandschuhe nicht!«, rief die kleine Gerda in der schneidenden Kälte, aber das Rentier wagte nicht anzuhalten, es lief, bis es zu dem Busche mit den roten Beeren gelangte. Da setzte es Gerda ab, küsste sie auf den Mund, und es liefen einige große Tränen über des Tieres Backen, und dann lief es, was es nur konnte, wieder zurück. Da stand die arme Gerda ohne Schuhe, ohne Handschuh, mitten in dem fürchterlich eiskalten Finnmarken.

Sie lief vorwärts, so schnell sie konnte; da kam ein ganzes Heer Schneeflocken, aber sie fielen nicht vom Himmel herunter; der war klar und glänzte von Nordlichtern. Die Schneeflocken liefen gerade auf der Erde hin, und je näher sie kamen, desto größer wurden sie. Gerda erinnerte sich noch, wie groß und künstlich sie damals ausgesehen hatten, als sie die Schneeflocken durch ein Brennglas betrachtet hatte, aber hier waren sie wahrlich noch viel größer und fürchterlicher, sie waren lebend, sie waren der Schneekönigin Vorposten. Sie hatten die sonderbarsten Gestalten; einige sahen aus wie hässliche, große Stachelschweine, andere wie ganze Knoten, gebildet von Schlangen, die nach allen Seiten ihre Köpfe hervorstreckten, und andere wie kleine, dicke Bären, auf denen die Haare sich sträubten, alle glänzten weiß, alle waren lebendige Schneeflocken.

Da betete die kleine Gerda, und die Kälte war so groß, dass sie ihren eigenen Atem sehen konnte; der wurde immer dichter und dichter und gestaltete sich zu kleinen, klaren Engeln, die mehr und mehr wuchsen, wenn sie die Erde berührten, und alle Helme auf dem Kopf und Spieß und Schild in den Händen hatten. Ihre Anzahl wurde größer und größer, und als Gerda ihr Gebet geendet hatte, da war ein ganzes Heer um sie; sie stachen mit ihren Spießen gegen die gräulichen Schneeflocken, so dass diese in hundert Stücke zersprangen, und die kleine Gerda ging ganz sicher und froh vorwärts. Die Engel liebkosten ihre Hände und Füße, da fühlte sie weniger, wie kalt es war, und ging rasch gegen der Schneekönigin Schloss vor.

Aber nun wollen wir erst sehen, wie es Kai geht. Er dachte freilich nicht an die kleine Gerda und am wenigsten, dass sie draußen vor dem Schloss stand.

Siebte Geschichte
Von dem Schlosse der Schneekönigin und was sich später darin zutrug

Des Schlosses Wände waren gebildet von dem treibenden Schnee und Fenster und Türen von den schneidenden Winden, da waren über hundert Säle, alle, wie der Schnee sie zusammentrieb, der größte erstreckte sich mehrere Meilen lang, alle beleuchtet von dem starken Nordlicht, und sie waren leer, eisig, kalt und glänzend. Nie gab es hier eine Lustbarkeit, nicht einmal einen kleinen Bärenball, wozu der Sturm aufspielen und die Eisbären auf den Hinterfüßen gehen und dabei ihre Gebärden hätten zeigen können; nie ein klein bisschen Kaffeeklatsch der weißen Fuchsfräulein; leer, groß und kalt war es in den Sälen der Schneekönigin. Die Nordlichter flammten so genau, dass man sie zählen konnte, wenn sie am höchsten und wenn sie am niedrigsten standen. Mitten in diesem leeren, unendlichen Schneesaale war ein zugefrorener See, der war in tausend Stücke gesprungen, aber jedes Stück war dem andern so gleich, dass es ein wahres Kunstwerk war. Mitten auf diesem saß die Schneekönigin, wenn sie zu Hause war, und dann sagte sie, dass sie im Spiegel des Verstandes sitze und dass dieser der einzige und der beste in der Welt sei.

Der kleine Kai war ganz blau vor Kälte, ja fast schwarz, aber er merkte es nicht, denn sie hatte ihm den Frostschauer abgeküsst, und sein Herz glich einem Eisklumpen. Er ging und schleppte einige scharfe, flache Eisstücke, die er auf alle mögliche Weise aneinander passte, gleich, wie wenn wir kleine Holztafeln haben und diese in Figuren zusammenlegen, was man das chinesische Spiel nennt. Kai ging auch und legte die allerkünstlichsten Figuren, das war das Eisspiel des Verstandes. In seinen Augen waren die Figuren ganz ausgezeichnet und von der höchsten Wichtigkeit. Das machte das Glaskörnchen, das ihm im Auge saß! Er legte Figuren, die ein geschriebenes Wort waren, aber nie konnte er es herausbringen, das Wort zu legen, was er gerade haben wollte, das Wort ›Ewigkeit‹, und die Schneekönigin hatte gesagt: »Kannst du die Figur ausfindig machen, dann sollst du dein eigener Herr sein, und ich schenke dir die ganze Welt und ein Paar neue Schlittschuhe.« Aber er konnte es nicht.

»Nun sause ich fort nach den warmen Ländern!«, sagte die Schneekönigin. »Ich will hinfahren und in die schwarzen Töpfe hineinsehen!« – Das waren die Feuer speienden Berge, Ätna und Vesuv, wie man sie nennt. »Ich werde sie ein wenig weiß machen, das gehört dazu, das tut den Zitronen und Weintrauben gut!« Damit flog die Schneekönigin davon, und Kai saß ganz allein in dem viele Meilen weiten, großen, leeren Eissaal, betrachtete die Eisstücke und dachte und dachte, so dass es in ihm knackte. Ganz still und steif saß er, man hätte glauben können, er sei erfroren.

Da war es, dass die kleine Gerda durch das Tor in das Schloss trat. Hier herrschten schneidende Winde; aber sie betete ein Abendgebet, und da legten sich die Winde, als ob sie schlafen wollten, und sie trat in die großen, leeren, kalten Säle hinein – da erblickte sie Kai, sie erkannte ihn, sie flog ihm um den Hals, hielt ihn dann fest und rief: »Kai! Lieber, kleiner Kai! Da habe ich dich endlich gefunden!«

Aber er saß ganz still, steif und kalt; da weinte die kleine Gerda heiße Tränen, die fielen auf seine Brust, sie drangen in sein Herz, sie tauten den Eisklumpen auf und verzehrten das kleine Spiegelstück darin; er betrachtete sie, und sie sang:

»Rosen, die blühn und verwehn,
Wir werden den Weihnachtsbaum sehn!«

Da brach Kai in Tränen aus; er weinte, dass das Spiegelkörnchen aus dem Auge schwamm, er erkannte sie und jubelte: »Gerda! Liebe, kleine Gerda! – Wo bist du doch so lange gewesen? Und wo bin ich gewesen?« Und er blickte rings um sich her. »Wie kalt ist es hier! Wie es hier weit und leer ist!« Und er klammerte sich an Gerda an, und sie lachte und weinte vor Freude. Das war so herrlich, dass selbst die Eisstücke vor Freude ringsumher tanzten, und als sie müde waren und sich niederlegten, lagen sie gerade in den Buchstaben, von denen die Schneekönigin gesagt hatte, dass er sie ausfindig machen sollte, dann sei er sein eigener Herr und sie wollte ihm die ganze Welt und ein Paar neue Schlittschuhe geben.

Gerda küsste seine Wangen, und sie wurden blühend; sie küsste seine Augen, und sie leuchteten gleich den ihren; sie küsste seine Hände und Füße, und er war gesund und munter. Die Schneekönigin mochte nun nach Hause kommen, sein Freibrief stand da mit glänzenden Eisstücken geschrieben.

Sie fassten einander an den Händen und wanderten aus dem großen Schloss hinaus; sie sprachen von der Großmutter und von den Rosen auf dem Dache; und wo sie gingen, ruhten die Winde, und die Sonne brach hervor. Als sie den Busch mit den roten Beeren erreichten, stand das Rentier da und wartete; es hatte ein anderes junges Rentier mit sich, dessen Euter voll war, und dieses gab den Kleinen seine warme Milch und küsste sie auf den Mund. Dann trugen sie Kai und Gerda erst zur Finnin, wo sie sich in der heißen Stube aufwärmten und über die Heimreise Bescheid erhielten, dann zur Lappin, die ihnen neue Kleider genäht und ihren Schlitten instand gesetzt hatte.

Das Rentier und das Junge sprangen zur Seite und folgten mit bis zur Grenze des Landes; dort sprosste das erste Grün hervor, da nahmen sie Abschied vom Rentier und von der Lappin. »Lebt wohl!«, sagten alle. Und die ersten kleinen Vögel begannen zu zwitschern, der Wald hatte grüne Knospen, und aus ihm kam auf einem prächtigen Pferde, das Gerda kannte – es war vor die goldene Kutsche gespannt gewesen –, ein junges Mädchen geritten, mit einer

glänzenden, roten Mütze auf dem Kopfe und Pistolen im Halfter. Das war das kleine Räubermädchen, das es satthatte, zu Hause zu sein, und nun erst gegen Norden und später, wenn ihr dies zusagte, nach einer anderen Weltgegend hin wollte. Sie erkannte Gerda sogleich, und Gerda erkannte sie, das war eine Freude.

»Du bist ein wahrer Künstler im Herumstreifen!«, sagte sie zum kleinen Kai. »Ich möchte wissen, ob du verdienst, dass man deinethalben bis an der Welt Ende läuft!«

Aber Gerda klopfte ihr die Wangen und fragte nach dem Prinzen und der Prinzessin. »Die sind nach fremden Ländern gereist!«, sagte das Räubermädchen.

»Aber die Krähe?«, fragte Gerda.

»Ja, die Krähe ist tot!«, erwiderte sie. »Die zahme Geliebte ist Witwe geworden, geht mit einem Stückchen schwarzem Garn um das Bein und klagt ganz jämmerlich. Aber erzähle mir nun, wie es dir ergangen ist und wie du ihn erwischt hast.«

Gerda und Kai erzählten. Das Räubermädchen nahm beide bei den Händen und versprach, dass sie, wenn sie je durch ihre Stadt kommen sollte, hinaufkommen wolle, sie zu besuchen, und dann ritt sie in die weite Welt hinaus. Aber Kai und Gerda gingen Hand in Hand, und wie sie gingen, war es herrlicher Frühling mit Blumen und mit Grün; sie erkannten die hohen Türme, die große Stadt, es war die, in der sie wohnten, und sie gingen hinein und hin zu der Tür der Großmutter, die Treppe hinauf, in die Stube, wo alles wie früher auf derselben Stelle stand. Die Uhr sagte »Tick! tack!«, und die Zeiger drehten sich; aber indem sie durch die Tür gingen, bemerkten sie, dass sie erwachsene Menschen geworden waren. Die Rosen aus der Dachrinne blühten zum offenen Fenster herein, und da standen noch die kleinen Kinderstühle. Kai und Gerda setzten sich ein jeder auf den seinigen und hielten einander bei den Händen; die kalte, leere Herrlichkeit bei der Schneekönigin hatten sie gleich einem schweren Traum vergessen. Die Großmutter saß in Gottes hellem Sonnenschein und las:

»Werdet ihr nicht wie die Kinder, so werdet ihr das Reich Gottes nicht erben!«

Kai und Gerda sahen einander in die Augen, und sie verstanden auf einmal den alten Gesang:

»Rosen, die blühn und verwehn,
Wir werden den Weihnachtsbaum sehn!«

Da saßen sie beide, erwachsen und doch Kinder, Kinder im Herzen; und es war Sommer, warmer, wohltuender Sommer.

An jedem Nachmittag, wenn die Kinder aus der Schule kamen, gingen sie in den Garten des Riesen und spielten da.

Es war ein großer hübscher Garten mit weichem grünem Gras. Hier und da auf dem Rasen standen schöne Blumen wie Sterne, und da waren auch zwölf Pfirsichbäume, die im Frühling zartrosa und perlweiß blühten und im Herbst reiche Frucht trugen. Die Vögel saßen auf den Bäumen und sangen so süß, dass die Kinder immer wieder in ihren Spielen innehielten, um zu lauschen. »Wie glücklich wir hier doch sind!« riefen sie einander zu.

Eines Tages kam der Riese nach Haus. Er war auf Besuch bei seinem Freund, dem gehörnten Menschenfresser, gewesen und sieben Jahre bei ihm geblieben. Als die sieben Jahre um waren, war alles gesagt, was er ihm zu sagen hatte, denn seine Gesprächsstoffe waren sehr beschränkt, und so beschloss er, auf sein eigenes Schloss zurückzukehren. Als er nach Hause kam, sah er die Kinder in seinem Garten spielen.

»Was tut ihr hier?« rief er sehr mürrisch, und die Kinder liefen weg. »Mein Garten, das ist mein Garten«, sagte der Riese, »das sieht jeder ein, und ich erlaube niemandem sonst, darin zu spielen, als mir selber.« Also baute er eine mächtige Mauer ringsum und stellte eine Warnungstafel auf:

Er war ein sehr eigensüchtiger Riese.

Die armen Kinder hatten jetzt nichts mehr, wo sie spielen konnten. Sie versuchten's auf der Landstraße, aber die Landstraße war sehr staubig und steinig, und sie mochten sie nicht leiden. So gingen sie also, wenn die Schule aus war, um die große Mauer herum und sprachen von dem schönen Garten dahinter.

»Wie glücklich waren wir da!« sagten sie zueinander.

Dann kam der Frühling, und über der ganzen Gegend waren kleine Blüten und kleine Vögel. Bloß in dem Garten des eigensüchtigen Riesen blieb es Winter. Die Vögel machten sich nichts daraus, darin zu singen, weil keine Kinder da waren, und die Bäume vergaßen zu blühen. Einmal steckte eine schöne Blume ihr Köpfchen aus dem Gras hervor, aber als sie die Warnungstafel sah, war sie so betrübt um die Kinder, dass sie wieder in den Boden hineinschlüpfte und weiterschlief. Die einzigen Leute, die sich freuten, waren der Schnee und der Frost. »Der Frühling hat diesen Garten vergessen«, riefen sie, »so wollen wir hier das ganze Jahr hindurch leben.« Der Schnee bedeckte das Gras mit seinem großen weißen Mantel, und der Frost bemalte alle Bäume silberweiß. Dann luden sie den Nordwind ein, bei ihnen zu wohnen, und er kam. Er war in Pelze ganz eingehüllt und brüllte den ganzen Tag durch den Garten und blies die Schornsteine herunter. »Das ist ein ganz herrlicher Platz«, sagte er, »wir müssen den Hagel auf eine Visite bitten.« Und so kam der Hagel. Jeden Tag prasselte er drei Stunden lang auf das Schlossdach herunter, bis er fast alle Schieferplatten zerschlagen hatte, und dann lief er rund um den Garten, so schnell er nur konnte. Er war ganz grau angezogen, und sein Atem war wie Eis.

»Ich versteh' nicht, warum der Frühling so spät kommt«, sagte der eigensüchtige Riese, als er am Fenster saß und auf seinen kalten weißen Garten hinuntersah. »Ich hoffe, das Wetter ändert sich bald.« Aber der Frühling kam nie, und auch nicht der Sommer. Der Herbst gab jedem Garten goldene Früchte, aber dem Garten des Riesen gab er keine. »Er ist zu eigensüchtig«, sagte der Herbst. So war es da immer Winter, und der Nordwind und der Hagel und der Frost und der Schnee tanzten um die Bäume.

Eines Morgens lag der Riese wach im Bette, als er eine liebliche Musik vernahm. Es klang so süß an seine Ohren, dass er dachte, die Musikanten des Königs zögen vorüber. Aber es war bloß ein kleiner Hänfling, der vor seinem Fenster sang; doch hatte er so lange keinen Vogel mehr in seinem Garten singen hören, dass es ihm wie die schönste Musik der Welt vorkam. Da hörte der Hagel auf, über seinem Kopf zu tanzen, und der Nordwind zu blasen, und ein köstlicher Duft kam zu ihm durch den geöffneten Fensterflügel. »Ich glaube, der Frühling ist endlich gekommen«, sagte der Riese; und er sprang aus dem Bett und schaute hinaus. Und was sah er? Er sah was ganz Wunderbares. Durch ein kleines Loch in der Mauer waren die Kinder hereingekrochen und saßen in den Zweigen der Bäume. In jedem Baum, den er sehen konnte, saß ein kleines Kind. Und die Bäume waren so froh, die Kinder wieder bei sich zu haben, dass sie sich ganz mit Blüten bedeckt hatten und ihre Arme anmutig über den Köpfen der Kinder bewegten. Die Vögel flogen umher und zwitscherten vor Entzücken, und die Blumen guckten aus dem grünen Gras hervor und lachten. Es war entzückend anzusehen, und nur in einem Winkel war es noch Winter, und dort stand ein kleiner Junge. Er war so klein, dass er nicht an die Äste hinaufreichen konnte, und er lief immer um den Baum herum und weinte bitterlich. Der arme Baum war noch ganz bedeckt mit Frost und Schnee, und der Nordwind blies und heulte über ihm. »Klettre herauf, kleiner Junge«, sagte der Baum und senkte seine Äste, so tief er konnte, aber der Junge war zu klein.

Da wurde des Riesen Herz weich, als er das sah. »Wie eigensüchtig ich doch war!« sagte er. »Jetzt weiß ich, weshalb der Frühling nicht hierherkommen wollte. Ich will dem armen kleinen Jungen auf den Baumwipfel helfen, und dann will ich die Mauer umwerfen, und mein Garten soll für alle Zeit der Spielplatz der Kinder sein.« Er war wirklich sehr betrübt über das, was er getan hatte. So schlich er hinunter und öffnete ganz leise das Tor und trat in den Garten. Aber als die Kinder ihn sahen, erschraken sie so, dass sie alle wegliefen, und im Garten wurde es wieder Winter. Bloß der kleine Junge lief nicht weg, denn seine Augen waren so voll Tränen, dass er den Riesen nicht kommen sah. Und der Riese kam leise hinter ihm heran, nahm ihn zärtlich auf seine Hand und setzte ihn hinauf in den Baum. Und sogleich fing der Baum zu blühen an, und die Vögel kamen und sangen in ihm, und der kleine Junge breitete seine Ärmchen aus, schlang sie um den Hals des Riesen und küsste ihn auf den Mund. Und wie die anderen Kinder sahen, dass der Riese nicht mehr böse war, kamen sie schnell zurückgelaufen, und mit ihnen kam auch der Frühling.

»Der Garten gehört jetzt euch, Kinderlein«, sagte der Riese, und er nahm eine große Axt und hieb die Mauer um. Und als die Leute um zwölf Uhr zu Markt gingen, sahen sie den Riesen mit den Kindern spielen, in dem schönsten Garten, den sie je geschaut hatten.

Den ganzen Tag spielten sie, und am Abend kamen sie zum Riesen und sagten ihm eine gute Nacht.

»Aber wo ist denn euer kleiner Kamerad«, fragte er, »der Junge, dem ich auf den Baum geholfen habe?« Der Ricse liebte ihn am meisten, weil der ihn geküsst hatte.

»Wir wissen's nicht«, antworteten die Kinder, »er ist fortgegangen.«

»Ihr müsst ihm sagen, er soll sicher morgen wiederkommen«, sagte der Riese. Aber die Kinder antworteten, sie wüssten nicht, wo er wohne, und sie hätten ihn zuvor nie gesehen; da wurde der Riese sehr traurig.

Jeden Nachmittag nach Schluss der Schule kamen die Kinder und spielten mit dem Riesen. Aber der kleine Knabe, den der Riese so liebte, ließ sich nie mehr sehen. Der Riese war sehr gut mit den Kindern, aber er sehnte sich nach seinem kleinen Freunde und sprach oft von ihm. »Wie gern möcht' ich ihn wiedersehn!« sagte er immer und immer.

Jahre vergingen, und der Riese wurde sehr alt und schwach. Er konnte nicht mehr unten mit den Kindern spielen, und so saß er in seinem mächtigen Armstuhl und sah ihnen zu und freute sich an seinem Garten. »Ich habe viele schöne Blumen«, sagte er; »aber die allerschönsten Blumen von allen sind die Kinder.«

An einem Wintermorgen sah er beim Ankleiden aus seinem Fenster. Jetzt hasste er den Winter nicht mehr, denn er wusste, dass der Frühling nur schlief und die Blumen sich ausruhten.

Plötzlich rieb er sich verwundert die Augen und sah und sah. Es war wirklich ein wundersamer Anblick. Im fernsten Winkel des Gartens war ein Baum ganz bedeckt mit lieblichen weißen Blüten. Seine Äste waren lauter Gold, und silberne Früchte hingen an ihnen, und darunter stand der kleine Knabe, den er so geliebt hatte.

Hocherfreut eilte der Riese die Treppe hinunter und in den Garten. Er lief über den Rasen auf das Kind zu. Und als er ihm ganz nahe gekommen war, wurde sein Gesicht rot vor Zorn, und er sagte: »Wer hat es gewagt, dich zu verwunden?« Denn an den Handflächen des Kindes waren Male von zwei Nägeln, und Male von zwei Nägeln waren an den kleinen Füßen.

»Wer hat es gewagt, dich zu verwunden?« rief der Riese. »Sag es mir, damit ich mein großes Schwert nehme und ihn erschlage.«

»Ach nein«, antwortete das Kind; »dies sind die Wunden der Liebe.«

»Wer bist du?« sagte der Riese, und eine seltsame Scheu überkam ihn, und er kniete nieder vor dem kleinen Kinde.

Und das Kind lächelte den Riesen an und sprach zu ihm: »Du ließest mich einst in deinem Garten spielen, heute sollst du mit mir kommen in meinen Garten, in das Paradies.«

Und als die Kinder an diesem Nachmittag hereinstürmten, da fanden sie den Riesen tot unter dem Baume liegen und ganz bedeckt mit weißen Blüten.

ier waren noch niemals Kinder gewesen; es war ein unbeschreibliches Glück für die beiden kleinen Reisenden, dass ihnen die Nachtfee erlaubte, dies zu sehen. Der Maikäfer durfte übrigens auch mit, denn es wäre doch leicht möglich gewesen, dass der große Bär ihn tottrat oder vielleicht gar auffraß, wenn er mit ihm eine Weile allein geblieben wäre. Ganz bescheiden krabbelte also der Sumsemann hinter den dreien her, als sie nun auf einem Goldkieswege zwischen kleinen, grünen Tannenbäumchen weiterschritten. Die Luft war erfüllt von herrlichem Kuchenduft. Alle Kuchen der Welt schienen hier zu sein – besonders nach Pfefferkuchen roch es. Ein warmer, leiser Wind, der in den Zweigen der kleinen Tannen säuselte, trug ihnen diesen prächtigen Duft zu. Selbst das Sandmännchen bekam davon Kuchenappetit; es wischte sich den Mund sehr umständlich und tat so, als ob es niesen müsste, damit man's nicht merken sollte. Der Weg, auf dem sie durch das Tannenwäldchen gingen, war mit vergoldetem Schokoladenplätzchenkies bestreut. Das roch natürlich auch gut. Anneliese schnabulierte schnell mal ein Plätzchen, und Peterchen auch. Wirklich, es waren Schokoladenplätzchen! – und was für welche! – hmmm!

Nun waren sie aus dem Wäldchen heraus. Einen Augenblick blieben sie stehen, vor Erstaunen ganz starr über das, was sie jetzt vor sich sahen. Kein Traum hätte jemals etwas so Schönes zaubern können!

Eine weite, weite Landschaft lag vor ihnen: Gärten und Felder, Wälder und Wiesen, Hügel und Täler, Bäche und Seen, von einem goldenen Himmel hoch überspannt. Eine Spielzeuglandschaft war es, die fast so aussah wie eine richtige Landschaft; und doch anders, ganz anders – viel, viel zauberhafter. Nicht wie in einer gewöhnlichen Landschaft wuchsen da Kartoffeln oder Bohnen, Gras oder Klee, sondern hier wuchs das Spielzeug. Alles, was man sich nur irgend denken kann, wuchs hier; von den Soldaten bis zu den Püppchen und Hampelmännern, von den Murmelkugeln bis zu den Luftballons. Auf bunten Feldern und Wiesen, in niedlichen grünen Gärten, an Sträuchern und Bäumchen, überall sprosste, blühte und reifte es.

Eine Bilderbücherwiese war da, auf der alle Bilderbücher wie Gemüse wuchsen. Das sah sehr bunt und vergnügt aus; manche waren noch nicht entfaltet und wie Knospen in ihren Hüllen, kleine Rollen in allen Farben; manche waren schon auf, schaukelten im Winde und blätterten um. Daneben sah man Beete mit Trompeten und Trommeln. Wie Kürbisse und Gurken kamen sie aus der

Erde hervor. Nicht weit davon waren große Rasenfelder mit Soldaten bewachsen, die zum Teil schon weit aus der Erde herausguckten, zum Teil noch bis an den Hals darin steckten oder erst mit der Helmspitze hervorsahen wie kleine Spargel. Dann war ein Feld dort, auf dem die Petzbären wuchsen. Ein kleiner grüner Zaun lief rings herum, denn einige von den drolligen Tierchen waren schon reif, von ihren Wurzeln los und purzelten quiekend herum. Auf der andern Seite wieder waren Gärten mit großen und kleinen Sträuchern, an denen Bonbons in allen Farben und Größen wuchsen. Kleine Teiche von roter und gelber Limonade glänzten zwischen Schilfwiesen, in denen aus den raschelnden Halmen silbrige Schilfkeulen wuchsen – die Zeppelinballons, niedliche, summende Flugmaschinen flogen dort als Libellen herum. Ganz besonders schön waren auch die großen Tannen, an denen die vergoldeten Äpfel und Nüsse wuchsen, und die Pfefferkuchenbäume. Sie standen meistens in Gruppen auf kleinen, runden Plätzen mit Krachmandelkies. Überall hörte man in Bäumchen und Sträuchern eine süße Zwitschermusik. Die kam von den bunten Spielzeugvögelchen, die zwischen Pfefferkuchenzweigen und Bonbonknospen herumhuschten. Sie hatten dort ihre Nesterchen, in denen sie fleißig Pfefferminzplätzchen legten. Viele brüteten auch, damit noch mehr Vögelchen zu Weihnachten auskröchen. Sie sind ja sehr beliebt bei den Kindern auf der Erde; besonders wenn sie mit Plätzchen gefüllt sind – man weiß das. Das Schönste aber, was man hier sehen konnte, war eigentlich der Puppengarten. Ein ganzer Wald von bunten Büschen und Bäumchen auf grünem Sammetrasen, von einem goldenen Zaun umgeben. An den Büschen und Bäumchen saßen Tausende und Abertausende von Puppen und Püppchen.

Wie kleine Blumen wuchsen sie an den Zweigen; zuerst nur Knospen von Sammet oder Seide, dann Blümchen mit kleinen Gesichtern in der Mitte und dann endlich Püppchen oder Puppen mit Haar, Schuhen und Schleifen in allen Größen und Farben. An feinen, silbernen Stielen hingen sie von den Zweigen und konnten abgepflückt werden. Ein kleiner See war auch im Puppengarten, ganz bedeckt mit wunderschönen Wasserrosen. Wenn die aufblühten und ihre weißen oder gelben seidenen Blätter auseinanderfalteten, so gab es einen kleinen, klingenden Knall, und in der offenen Blume lag ein rosiges Badepüppchen. Sehr lustig war das!

Ja, und dann gab's noch so einen kleinen, seltsamen Wald, ein wenig versteckt in einem tieferen Tal, so seitwärts, hinter einer Marzipanschweinezüchterei. Ganz kahl war's da, ohne ein Blättchen; nur Bäumchen mit Ruten. Immerfort pfiff ein Wind, dass die Ruten sich bogen. Kein Vögelchen zwitscherte, kein Flugmaschinchen summte; es war nicht sehr freundlich in dem Wald. Man brauchte ihn eigentlich auch gar nicht zu bemerken, so versteckt lag er. Aber er war doch da auf der Weihnachtswiese – der Rutenwald.

Man kann sich wohl denken, wie den Kindern zumute war, als sie alle diese zauberhaften Dinge sahen, während sie an der Hand des Sandmännchens über Krachmandel- und Schokoladenwege, über Zuckerbrücken und Marzipanstraßen hinwanderten zu einem kleinen sanft leuchtenden Berge, der die Mitte des Ganzen bildete. Dort liefen alle Wege und Straßen zusammen auf einen, von Tannenbäumchen umhegten Platz.

Auf diesem Platze aber – ja, das war das Allerschönste! stand die goldene Wiege des Christkindchens. Neben der Wiege, auf einem schönen, himmelblauen Großvaterstuhl saß der Weihnachtsmann in seinem pelzverbrämten Rock mit einer silbergrauen Pudelmütze und schneeweißem Bart. Er hatte eine lange, schöne Pfeife mit bunten Troddeln im Munde, aus der er ab und zu großmächtige Wolken in die Luft paffte. Dazu wiegte er leise die goldene Wiege, und über der Wiege schwebte still ein leuchtender Heiligenschein. Es war sehr feierlich, es war sehr schön!

Nun sah der Weihnachtsmann die kleinen Besucher, die da ankamen. Ein freundliches Lächeln huschte über sein Gesicht – er wusste schon Bescheid –, stand auf, kam ihnen entgegen und sagte:

»Ei, ei, das ist mir eine Freude!
Guten Tag, ihr lieben Kinderchen beide,
Und Sandmännchen, und Maikäfermann;
Willkommen hier auf der Weihnachtswiese!«

Und dann gab er den Kindern die Hand. Peterchen war noch ein wenig schüchtern und Anneliese erst recht; es war auch wirklich ein sehr feierlicher Augenblick. Aber der gute Weihnachtsmann streichelte ihnen die Köpfe und die Bäckchen und sagte:

»Nun Peterchen? – nun Anneliese? –
Jaja, ich kenn' euch, wisst ihr's nicht mehr?
Ich kenne euch gut, noch von Weihnachten her!
Artig wart ihr alle beide;
Ich weiß es, ihr macht eurem Mütterchen Freude.«

Die Kinder erinnerten sich natürlich ganz genau, wie der Weihnachtsmann damals gekommen war mit Nüssen und Äpfeln und das Weihnachtsbäumchen gebracht hatte. Wahrscheinlich hatte er auch die vielen anderen schönen Sachen gebracht, die nachher auf dem Weihnachtstisch lagen. Das dachten sie sich jetzt, nachdem sie gesehen hatten, dass hier alles Spielzeug wuchs. Der Weihnachtsmann hatte nämlich damals lange mit Muttchen gesprochen, nachdem sie ihren Spruch schön hergesagt hatten, und dann aus einem großmächtigen Sack, der ihm über den Rücken hing, alles mögliche herausgenommen. Muttchen hatte das schnell in die Weihnachtsstube gebracht; dann hatte der

Weihnachtsmann genickt, genau so freundlich wie jetzt, und war verschwunden. Natürlich kannten sie ihn! Und so fasste Peterchen sich Mut, erzählte, was er vom vorigen Weihnachten wusste, und Anneliese nickte eifrig mit dem Kopf dazu. Ja, es stimmte! Der Weihnachtsmann bestätigte alles so freundlich, dass die Kinder jede Scheu verloren und sich zutraulich an ihn drängten.

Ein sehr spaßiges Männchen sprang da noch mit einer kleinen Gießkanne bei den Weihnachtsbäumen herum und begoss immerfort.

Dazu sang es mit seinem dünnen Stimmchen:

»O Tannenbaum, O Tannenbaum,
Wie grün sind deine Blätter!
Du grünst nicht nur zur Sommerszeit,
Nein auch im Winter, wenn es schneit;
O Tannenbaum, O Tannenbaum,
Wie grün sind deine Blätter!«

Peterchen musste plötzlich laut lachen. Der Weihnachtsmann aber erklärte, dies sei das Pfefferkuchenmännchen, sein Gehilfe, der schrecklich viel zu tun hätte mit dem Begießen und Pflegen all der schönen Sachen. Davon wäre er zu Weihnachten so mürbe und braun. Das Männchen sprang zwischen den Bäumchen herum wie ein kleiner Floh und begoss – mit Zuckerwasser!!

Am meisten aber waren die Kinder jetzt neugierig auf das Christkindchen. Auf den Zehenspitzen schlichen sie näher; denn der Weihnachtsmann sagte:

»Es schläft, um sich das Herz zu stärken,
Zu allen seinen Liebeswerken.
Derweil muss ich es wiegen und warten
Hier oben im stillen Weihnachtsgarten.
Und wenn unsre Stunde gekommen ist,
In der Winterszeit, zum heiligen Christ,
Dann weck' ich es ganz leise, leise,
Und wir machen uns auf die weite Reise
Durch Nacht und Wälder, durch Schnee und Wind,
Dorthin, wo artige Kinder sind.«

Ja, da lag es, tief in den schneeweißen Kissen, mit goldblonden, strahlenden Locken und schlief. Die Kinder falteten leise die Hände und knieten ganz von selbst neben der Wiege nieder, so schön und so heilig war es. Als sie aber niederknieten, kniete auch der Weihnachtsmann und das Pfefferkuchenmännchen mit ihnen. In demselben Augenblick ging ein wundersames Klingen durch die Luft, als sängen tausend kleine Weihnachtsengelchen das Weihnachtslied. Als Anneliese und Peterchen es hörten, sangen sie unverzagt mit, und ihre Stimmen klangen so schön mit den Engelstimmchen zusammen, dass sie ganz glücklich waren. Während des Gesanges aber fiel vom Himmel herab ein goldener Schnee, der duftete schöner als alle Blumen der Welt. Auf allen Bäumen und Bäumchen ringsum glühten Lichterchen auf, und große Sterne strahlten vom Wipfel jeder Tanne im Garten. Himmelsschön war es eigentlich und gar nicht zu beschreiben. Es war aber schon wieder Zeit zur Reise. Das Sandmännchen winkte zum Aufbruch, und von fernher hörte man auch den Bären brummen und stampfen, der ungeduldig wurde wie ein Pferdchen, das nicht mehr warten will. So gaben die Kinder dem Weihnachtsmann die Hand und bedankten sich sehr schön. Der lachte freundlich und steckte schnell noch jedem ein ganz frisches Pfefferkuchenpäckchen ins Körbchen. Dann nickte er dem Sandmännchen zu, setzte sich in seinen Großvaterstuhl, paffte riesengroße, steingraue Wolken aus der Pfeife und wiegte das heilige Kindchen. Dazu sprang das Pfefferkuchenmännchen im Hintergrunde zwischen den Tannen herum, begoss und sang sein Liedchen. So war alles wieder wie vorher. Die drei Abenteurer aber eilten mit dem Sandmännchen zum Eingangstor zurück, über die Zuckerbrücken und Schokoladenwege, schnell, schnell!

Besonders der Sumsemann hatte es eilig dabei, denn ihm hatte es am wenigsten gut gefallen. Gar nichts war dagewesen für ihn! Lauter Zucker, Marzipan, Mandeln, Rosinen, Limonade, Schokolade! Kein Blättchen gab's, nur Tannen, Bonbonsträucher und Pfefferkuchenbäume – brrrrrrr!! Nein, solche Gegend passte ihm nicht!

Er hatte allerdings einen Kameraden gefunden, einen Spielzeugmaikäfer. Aber als er sich ihm vorstellte, wie sich das gehört, hatte der Kerl bloß gerasselt und geklappert mit seinen Beinen und Flügeln; nicht einmal anständig summen konnte er. Natürlich, er war aus Blech und hatte statt eines klopfenden, ritterlichen Käferherzens nur ein paar blecherne Räder und eine Uhrfeder in der Brust. Aber sechs Beinchen hatte dieser Blechkerl! Das war wirklich

ärgerlich! Er, ein echter Maikäfer, wurde von dem Rasselfritzen mit einem Beinchen übertroffen. So packte ihn wieder die grimmigste Sehnsucht nach seinem Beinchen, und emsig, wie ein Feuerwehrmann, wenn's brennt, lief er neben den Kindern her. Endlich ging's ja zum Beinchen, zum Mondberg, zur Erfüllung des großen Wunsches der Sumsemänner!

Da taten sich vor ihnen auch schon die Tore auseinander, der Bär stand schnaufend zum Ritt bereit und schüttelte vor Freude den dicken Kopf, dass seine kleinen Reiter wieder da waren. Schnell saßen sie auf seinem Rücken im weichen Fell. Vor ihnen lag die weite Mondlandschaft, hinter ihnen schlossen sich leise die Tore der Weihnachtswiese, und ... fort ging's über den watteweißen, sonderbar schimmernden Boden des Mondes, dem großen Berg zu, der mit seinen seltsamen Formen wie ein riesenhafter Schlagsahnenkegel vor ihnen in der Ferne lag.

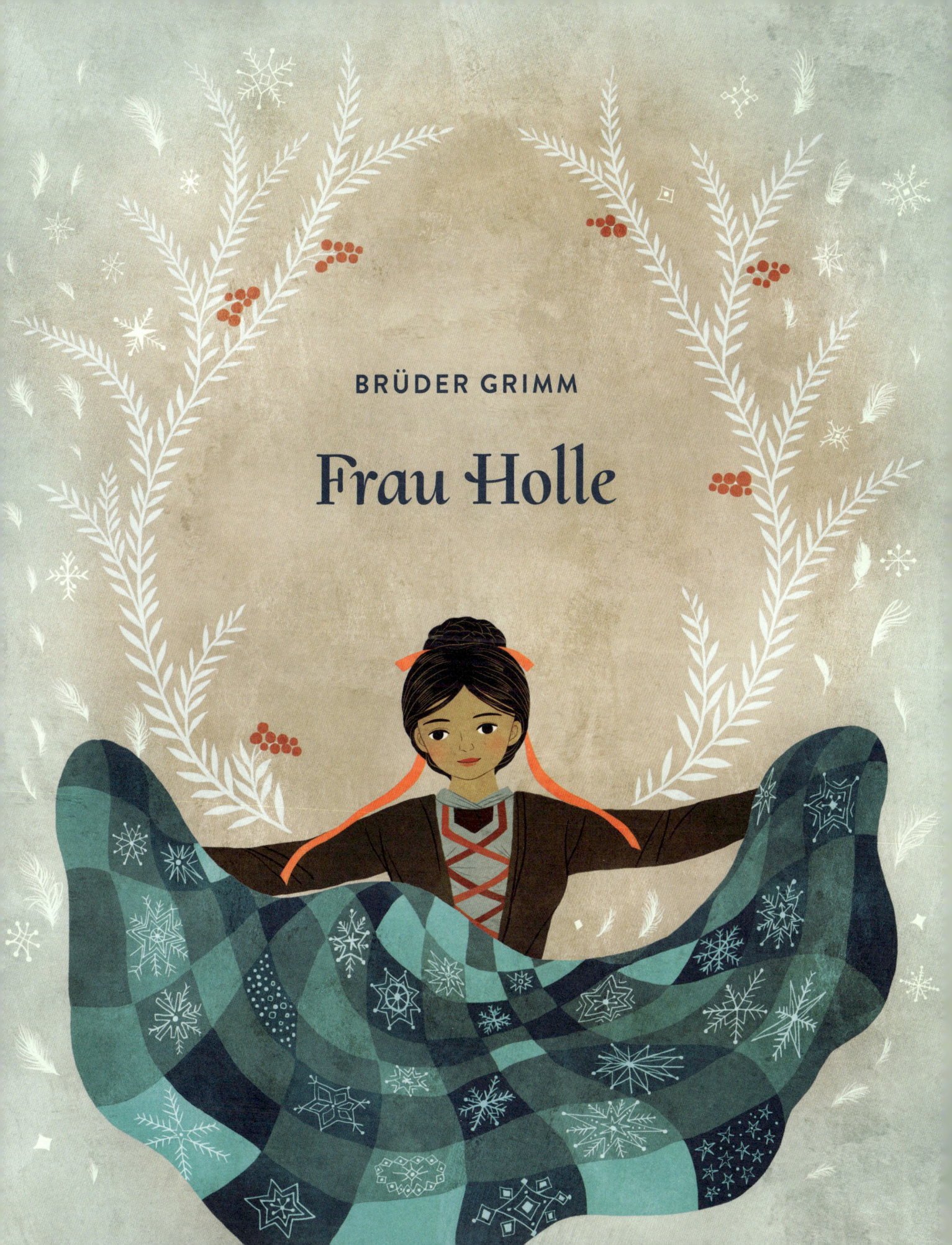

ine Witwe hatte zwei Töchter, davon war die eine schön und fleißig, die andere hässlich und faul. Sie hatte aber die hässliche und faule, weil sie ihre rechte Tochter war, viel lieber, und die andere musste alle Arbeit tun. Das arme Mädchen musste sich täglich auf die große Straße bei einem Brunnen setzen und musste so viel spinnen, dass ihm das Blut aus den Fingern sprang. Nun trug es sich zu, dass die Spule einmal ganz blutig war; da bückte es sich damit in den Brunnen und wollte sie abwaschen, sie sprang ihm aber aus der Hand und fiel hinab. Es weinte, lief zur Stiefmutter und erzählte ihr das Unglück. Sie schalt es aber so heftig und war so unbarmherzig, dass sie sprach: »Hast du die Spule hinunterfallen lassen, so hol sie auch wieder herauf.« Da ging das Mädchen zu dem Brunnen zurück und wusste nicht, was es anfangen sollte, und in seiner Herzensangst sprang es in den Brunnen hinein, um die Spule zu holen. Es verlor die Besinnung, und als es erwachte und wieder zu sich selber kam, war es auf einer schönen Wiese, wo die Sonne schien und viel tausend Blumen standen. Auf dieser Wiese ging es fort und kam zu einem Backofen, der war voller Brot; das Brot aber rief: »Ach, zieh mich raus, zieh mich raus, sonst verbrenn' ich, ich bin schon längst ausgebacken.« Da trat es herzu und holte mit dem Brotschieber alles nacheinander heraus.

Danach ging es weiter und kam zu einem Baum, der hing voller Äpfel und rief ihm zu: »Ach, schüttel mich, schüttel mich, wir Äpfel sind alle miteinander reif.« Da schüttelte es den Baum, dass die Äpfel fielen, als regneten sie, und schüttelte, bis keiner mehr oben war; und als es alle in einen Haufen zusammengelegt hatte, ging es wieder weiter. Endlich kam es zu einem kleinen Haus, daraus guckte eine alte Frau, weil sie aber so große Zähne hatte, ward ihm angst, und es wollte fortlaufen. Die alte Frau aber rief ihm nach: »Was fürchtest du dich, liebes Kind? Bleib bei mir, wenn du alle Arbeit tun willst, so soll dir's gut gehn. Du musst nur Acht geben, dass du mein Bett gut machst und es fleißig aufschüttelst, dass die Federn fliegen. Dann schneit es in der Welt; ich bin die Frau Holle.« Weil die Alte ihm so gut zusprach, willigte es ein und gab sich in ihren Dienst. Es besorgte auch alles nach ihrer Zufriedenheit und schüttelte ihr das Bett immer gewaltig auf, dass die Federn wie Schneeflocken umherflogen; dafür hatte es auch ein gutes Leben bei ihr, kein böses Wort und alle Tage Gesottenes und Gebratenes. Nun war es eine Zeit lang bei der Frau Holle, da ward es traurig und wusste anfangs selbst nicht, was ihm fehlte, endlich merkte es, dass es Heimweh war; obwohl es ihm hier vieltausendmal besser ging als zu

Haus. Endlich sagte es zu ihr: »Ich habe den Jammer nach Haus gekriegt, und wenn es mir auch noch so gut hier unten geht, so kann ich doch nicht länger bleiben, ich muss wieder hinauf zu den Meinigen.« Die Frau Holle sagte: »Es gefällt mir, dass du wieder nach Haus verlangst, und weil du mir so treu gedient hast, so will ich dich selbst wieder hinaufbringen.« Sie nahm es darauf bei der Hand und führte es vor ein großes Tor. Das Tor ward aufgetan, und wie das Mädchen gerade darunter stand, fiel ein gewaltiger Goldregen, und alles Gold blieb an ihm hängen, so dass es über und über davon bedeckt war. »Das sollst du haben, weil du so fleißig gewesen bist«, sprach die Frau Holle und gab ihm auch die Spule wieder, die ihm in den Brunnen gefallen war. Darauf ward das Tor verschlossen, und das Mädchen befand sich oben auf der Welt, nicht weit von seiner Mutter Haus. Und als es in den Hof kam, saß der Hahn auf dem Brunnen und rief:

»Kikeriki,
unsere goldene Jungfrau ist wieder hie.«

Da ging es hinein zu seiner Mutter, und weil es so mit Gold bedeckt ankam, ward es von ihr und der Schwester gut aufgenommen. Das Mädchen erzählte alles, was ihm begegnet war, und als die Mutter hörte, wie es zu dem großen Reichtum gekommen war, wollte sie der andern hässlichen und faulen Tochter gerne dasselbe Glück verschaffen. Sie musste sich an den Brunnen setzen und spinnen, und damit ihre Spule blutig ward, stach sie sich in die Finger und stieß die Hand in die Dornhecke. Dann warf sie die Spule in den Brunnen und sprang selber hinein. Sie kam wie die andere auf die schöne Wiese und ging auf demselben Pfade weiter. Als sie zu dem Backofen gelangte, schrie das Brot wieder: »Ach, zieh mich raus, zieh mich raus, sonst verbrenn' ich, ich bin schon längst ausgebacken.« Die Faule aber antwortete: »Da hätt' ich Lust, mich schmutzig zu machen«, und ging fort. Bald kam sie zu dem Apfelbaum, der rief: »Ach, schüttel mich, schüttel mich, wir Äpfel sind alle miteinander reif.« Sie antwortete aber: »Du kommst mir recht, es könnte mir einer auf den Kopf fallen«, und ging damit weiter.

Als sie vor der Frau Holle Haus kam, fürchtete sie sich nicht, weil sie von ihren großen Zähnen schon gehört hatte, und verdingte sich gleich zu ihr. Am ersten Tag tat sie sich Gewalt an, war fleißig und folgte der Frau Holle, wenn sie ihr etwas sagte, denn sie dachte an das viele Gold, das sie ihr schenken würde; am zweiten Tag aber fing sie schon an zu faulenzen, am dritten noch mehr, da wollte sie morgens gar nicht aufstehen.

Sie machte auch der Frau Holle das Bett nicht, wie sich's gebührte, und schüttelte es nicht, dass die Federn aufflogen. Das ward die Frau Holle bald müde und sagte ihr den Dienst auf. Die Faule war das wohl zufrieden und meinte, nun würde der Goldregen kommen; die Frau Holle führte sie auch zu dem Tor, als sie aber darunter stand, ward statt des Goldes ein großer Kessel voll Pech ausgeschüttet. »Das ist zur Belohnung deiner Dienste«, sagte die Frau Holle und schloss das Tor zu. Da kam die Faule heim, aber sie war ganz mit Pech bedeckt, und der Hahn auf dem Brunnen, als er sie sah, rief:

»Kikeriki,
unsere schmutzige Jungfrau ist wieder hie.«

Das Pech aber blieb fest an ihr hängen und wollte, solange sie lebte, nicht abgehen.

Über die Illustratorin

KHOA LE ist eine vielfach preisgekrönte Illustratorin und Autorin, die in Ho-Chi-Minh-Stadt (Vietnam) lebt und arbeitet. Sie gestaltete die Illustrationen zahlreicher, weltweit erfolgreicher Kinderbücher.

Dafür gewann sie eine beeindruckende Anzahl internationaler Auszeichnungen, darunter den »Sydney Taylor Book Awards – Picture Book Honor 2021« und den »New York Public Library Best Books for Kids 2020« Preis.

Als kleines Mädchen hatte Khoa eine große Faszination für Märchen. Sie wuchs in einfachen Verhältnissen auf und ließ sich mit großer Freude in die Fantasiewelt der Bücher aus der Schulbibliothek entführen. Mit den Jahren wuchs ihre Liebe für die Kunst und das Geschichtenerzählen immer weiter. Khoa wurde vor allem von den fantastischen Arbeiten berühmter Künstler der Goldenen Ära der Buchillustration – wie Arthur Rackham, Kay Nielsen, Aubrey Beardsley und Edmund Dulac – in ihren Bann gezogen.

Aus dieser Begeisterung erwuchs ihr Traum, selbst Illustratorin zu werden. Neben ihrer Leidenschaft für das Lesen, die Kunst und die Musik, schöpft Khoa viel Inspiration aus ihren Reisen, bei denen sie gerne die Schönheit der Welt erkundet. Ihre Arbeit reflektiert deshalb eine bunte Mischung aus verschiedenen kulturellen Einflüssen und Landschaften der Orte, die sie besucht hat.

Khoa zieht sich gerne mit ihren Katzen in ihr kleines Studio zurück oder sucht Ruhe in der Natur – besonders in der Weite des Ozeans. Sie ist eine passionierte Taucherin und engagiert sich gemeinsam mit weiteren Tauchern vor Ort regelmäßig für verschiedene Aktionen zum Schutz der Meere.

Für mehr Informationen zu Khoas Kunst
kannst du ihre Website besuchen oder ihr auf Instagram folgen:
www.khoaleartwork.com
@khoa.le.artwork

Quellen

Božena Němcová: Drei Haselnüsse für Aschenbrödel. Aus: Die schönsten tschechischen und slowakischen Märchen. Ausgewählt und mit einem Nachwort versehen von Noemi Janka Franeková und Dennis Grabowsky. Mit Illustrationen von Artus Scheiner. Berlin: BEBUG mbH / Bild und Heimat,
1. Auflage, S. 45–50.

Ingeborg Feustel: Die Schneeflockenmühle. Aus: Die Schneeflockenmühle und andere seltsame Begebenheiten in Eis und Frost. Erzählt von Ingeborg Feustel. Kompositionen von Rudi Werion. Illustrationen von Dieter Heidenreich. Berlin: Lied der Zeit – Musikverlag 1987, S. 5–9. Anmerkung des Lektorats: Der letzte Satz des Märchens wurde entschärft und modernisiert.

Oscar Wilde: Der glückliche Prinz. Aus: Oscar Wilde: Märchen. Übersetzt von Franz Blei. Erstdruck unter dem Titel: „The Happy Prince and Other Tales", David Nutt, London 1888. Neuausgabe, Göttingen 2019. LIWI Literatur- und Wissenschaftsverlag, S. 5–12.

E. T. A. Hoffmann: Nussknacker und Mausekönig. RECLAMS UNIVERSAL-BIBLIOTHEK Nr. 14371. Philipp Reclam jun. Verlag GmbH (2022).

Brüder Grimm: Schneeweißchen und Rosenrot. Aus: Grimms Märchen. Mit den Illustrationen von Ruth Koser-Michaëls. Knaur Verlag (2003), S. 121–127.

Russisches Volksmärchen: Väterchen Frost. Aus: Erich Ackermann (Hrsg.): Weihnachtsmärchen aus aller Welt. Herausgegeben von Erich Ackermann. München: Anaconda Verlag (ein Unternehmen der Penguin Random House Verlagsgruppe GmbH) 2021 (2014), S. 21–26. Dort entnommen der Ausgabe A. N. Afsanasjew: Russische Volksmärchen. Übersetzung Anna Meyer. Köln 2008.

Božena Němcová: Salz ist wertvoller als Gold. Aus: Die schönsten tschechischen und slowakischen Märchen. Ausgewählt und mit einem Nachwort versehen von Noemi Janka Franeková und Dennis Grabowsky. Mit Illustrationen von Artus Scheiner. Berlin: BEBUG mbH / Bild und Heimat, 1. Auflage, S. 55–60.

Brüder Grimm: Hänsel und Gretel. Aus: Grimms Märchen. Mit den Illustrationen von Ruth Koser-Michaëls. Knaur Verlag (2003), S. 311–318.

Hans Christian Andersen: Die Schneekönigin. Aus: Andersens Märchen. Mit den Illustrationen von Ruth Koser-Michaëls. Droemersche Verlagsanstalt (2003), S. 356–388.

Oscar Wilde: Der eigensüchtige Riese. Aus: Oscar Wilde: Märchen. Übersetzt von Franz Blei. Erstdruck unter dem Titel: „The Happy Prince and Other Tales", David Nutt, London 1888. Neuausgabe, Göttingen 2019. LIWI Literatur- und Wissenschaftsverlag, S. 18–21.

Gerdt von Bassewitz: Peterchens Mondfahrt.

Brüder Grimm: Frau Holle. Aus: Grimms Märchen. Mit den Illustrationen von Ruth Koser-Michaëls. Knaur Verlag (2003), S. 69–72.

Anmerkung: Die Märchen wurden teilweise an die neue Rechtschreibung und moderneren Sprachgebrauch angepasst.

Idee und Konzept: GROH Verlag. Das Werk einschließlich seiner Teile ist urheberrechtlich geschützt. Jede Verwertung außerhalb der engen Grenzen des Urheberrechtsgesetzes ist ohne Zustimmung des Verlages unzulässig und strafbar. Das gilt insbesondere für Kopien, Einspeicherung und Verarbeitung in elektronischen Systemen. Der Verlag behält sich die Nutzung für Text-and-Data-Mining nach § 44b UrhG vor.

Textnachweis: Wir danken allen Autoren bzw. deren Erben, die uns freundlicherweise die Erlaubnis zum Abdruck von Texten erteilt haben.

Illustrationen: Khoa Le

Projektmanagement: Lena Schiller

Cover: Katja Heller

Layout: Barbara Fuchs & Christin Bussemas Ampersand loves

Gesamtherstellung: Colorprint Offset Limited, Hongkong, China

Winter- und Weihnachtsmärchen
Die schönsten Geschichten von Grimm bis Wilde
GTIN 978-3-8485-0260-8
© 2024 Groh Verlag. Ein Imprint der Verlagsgruppe
Droemer Knaur GmbH & Co. KG, München
www.groh.de

12345